新潮新書

清水 潔
SHIMIZU Kiyoshi

騙されてたまるか

調査報道の裏側

625

新潮社

はじめに

私たちが「正しい」と信じるもの。

それがまったくの誤りだったり、誰かに騙されていたことを知った時のショックは大きい。信頼していた人物や組織が、自分勝手な都合や保身のために事実を捻じ曲げ、真実を隠していたとしたら……。

もっと恐ろしいケースもある。

警察や検察のでっちあげといった国家の嘘、裁判所の致命的な誤判。政治の裏に潜む利害関係や原発事故にまつわる隠蔽、マスコミの虚報などだ。

あるいは、振り込め詐欺、怪しい宗教の勧誘、悪質な投資話の勧誘、事故を招きかねない欠陥品の販売といった危険も、常に私たちの日常に潜んでいる。

何が本当で、何が嘘なのか――。それを見極めるのはとても難しい。人間関係においても常に人を疑ってばかりいては消耗してしまう。しかし、疑うことをやめてしまえば、どんな災難に巻き込まれるかわからない。そんな時代になってしまったようである。

私は後悔などしたくない。

得体の知れない情報を鵜呑みにして騙されたり、真相が闇に葬られるのを黙って見ていることなど、まっぴらごめんである。

〝報道人〟としての私の原点もそこにある。

新聞、週刊誌、テレビと三十年以上にわたって報道の仕事に携わってきた。事件、事故、災害など、直接人命に関わる事案が多い。

何度も現場に通い、自分の目で状況をとらえ、掻き消されてしまいそうな声に耳を傾ける。その結果、孤立無縁の状態になったこともある。それでも自分の取材を信じるしかなかった。

ある殺人事件では、警察の怠慢捜査に不信の念を抱き、独自取材を続けた結果、警察より先に殺人犯を特定した（「桶川《おけがわ》ストーカー殺人事件」）。

その逆もある。すでに解決したはずの事件が、実は冤罪ではないのかと報じ続けた。再審の結果、無期懲役だった受刑者は無罪となった（「足利事件」）。

殺人犯と直接対峙したことも一度や二度ではない。地球の裏側まで強盗殺人犯を追跡し、「あなたは人を殺したんですか？」と詰め寄った時は、さすがに肝を冷やした。

ハイジャック事件の現場を走り回ったことや、北朝鮮による拉致事件を検証したこともある。天才的な嘘つきに振り回されたり、法律の「公訴時効」という厄介な〝敵〟と戦ったこともある。

＊

よく聞かれることがある。

「なぜあのような報道ができるのですか？」と。

答えはとてもシンプルだ。

おかしいものは、おかしいから――。

それだけである。

たとえそれが警察から発せられた情報や裁判所の判決、マスコミの報道だろうと。

何より私は「伝聞」が嫌いなのだ。

自分の目で見て、耳で聞き、頭で考える。

ほとんどそれだけを信条にこれまでやってきた。

必然と最終的な責任は私自身に帰する。失敗しても人のせいにはできない。「間違っているのは、自分の方ではないか……」といった不安も常につきまとう。リスクを少しでも減らすには、さらに調べ、裏を取り、取材を重ねるしかない。

私にとっての「調査報道」とはそういうものだ。

一般的にはあまり聞き慣れない言葉かもしれないが、「調査報道」がどのようなものなのかは、本編の取材事例をもって紹介していきたい。本書の目的は、調査報道の裏側を明らかにして、真相に迫るプロセスを知ってもらうことにある。

＊

ここで例を引くまでもなく、昨今のマスコミ報道は国民の信用を失いかけている。取材方法や誤報に対する厳しい指摘も多い。ネット上では「マスゴミ」とまで揶揄されている。その中にどっぷりつかっている私も、この業界の現在のあり様は正直に言ってあまり好きではない。

一方で、そんな国民の不信を好機とばかりに、国はマスコミ潰しに動く。記者クラブを巧みに使って情報を統制。「秘密情報保護」などと称して、取材の規制を強めている。それだけではない。暴走する権力を縛るはずの「憲法」までをも、都合良く解釈することを企てる。メディアが表現の自由を失い、監視機能が衰退すれば、権力側にとって都合のよい情報だけが報じられ、不利な事実が封印されていく。

このような状況に対抗できる最後の砦が、「調査報道」であると私は信じている。

それは何もメディアだけの話ではない。私たち個人もまた、同等の力を求められる時代になってしまった。先にも触れたように、身の回りにどんな悪意が待ち構えているかわからないからだ。

自分の目で見る。

自分の耳で聞く。

自分の頭で考える——。

言葉にすると、当たり前のことのように思えるかもしれないが、他に方法はない。

これこそが現代に必須な「レーダー」なのだ。氾濫する情報に対して〝防波堤〟を持たずに巻き込まれるのではなく、自らの判断で「何が本当で、何が嘘なのか」を判断することが重要なのだ。

本書がその一助になればと願っている。

騙されてたまるか　調査報道の裏側——目次

第一章　騙されてたまるか――強殺犯ブラジル追跡

「あなた、本当に人を殺したんですか?」

「……」

「警察に出頭するつもりは?」

一八〇センチは優に超えるだろう大男を見上げ、私は通常の取材ではあり得ない質問を繰り返す。相手は強盗殺人罪で国際指名手配されている逃亡者だ。私の質問に対して男は少し口を開きかけて、また閉じた。男から見れば私は、平穏だった日常をぶち壊す面倒なやつであろう。「どうやってこいつを追い払おうか」と思案を巡らせていたのかもしれない。

見れば目の前で丸太のような太い腕と、毛むくじゃらな手が小刻みに揺れている。この腕で罪なき人に手をかけたのか、わずかな金のために。

山間にある小さな街。石畳が敷かれた十字路での出来事だった。その日、空は抜けるように青く高く、風は頬に冷たい。ここは、地球の裏側——。

＊

二〇〇六年の春、私は一万八千キロを移動した。目的地はブラジルだ。日本で事件を起こして高飛びした日系ブラジル人の追跡取材が、そのミッションだ。

事件は静岡県で起きていた。群馬県や愛知県などと同じように、静岡県では多くの日系ブラジル人が働いていた。彼らのほとんどが温厚でまじめ、地元の評判もいい。だが、中には残念ながらそうではない者もいたらしく、法を犯す者も現れた。

許せないのは、罪を償わないまま日本から脱出した連中だ。

【事件1　ヒガキ・ミルトン・ノボル】

一九九九年七月、静岡県浜松市。

横断歩道を渡っていた十六歳の女子高校生・落合真弓さんが、猛スピードで突っ込んできた車にはね飛ばされて即死した。運転していたのは日系ブラジル人のヒガキ・ミルトン・ノボル。男は事故の四日後、国外逃亡してしまった。

警察が押収したミルトンの黒い乗用車。ヘッドライトは割れ、ボンネットが大きく歪んでいる。フロントガラスには蜘蛛の巣状のヒビが入っていた。

遺族を訪ねてみると、女子高校生の母親は病気ですでにこの世を去っていた。残された父親は、家財道具を詰め込んだワンルーム・マンションに一人、遺影に話しかけながら暮らしていた。

【事件2　パトリシア・フジモト】

二〇〇五年十月、またも痛ましい事故が起きた。

静岡県湖西市の交差点で車同士が衝突し、乗っていた幼女が命を落とした。二歳の山岡理子ちゃんは、その日家族四人で昼ごはんを食べに出かけるところだった。大好きなスパゲティが食べられると、母親が運転する車中、まだうまく廻らない口で「スタゲティー、スタゲティー」と喜んでいたという。

交差点の信号は青だった。突然、左側の下り坂道から軽自動車が突っ込んできた。側面に激突されたワゴン車は横転。後部座席にいた理子ちゃんは、車外に投げ出され亡くなってしまったのだ。

軽自動車を運転していたのは、日系三世のパトリシア・フジモトという女だった。パトリシアは現場検証に立ち会ったものの、謝罪をしないまま日本を出国してしまう。勤め先の会社にも何も言わず、自分の子供や父親と姿を消したという。アパートにはたくさんの荷物が残されたままだった。逃亡後になって業務上過失致死の逮捕状が出た。

理子ちゃんの遺影は、大好きだったキティちゃんで囲まれていた。

「死ぬってこともわからないような二歳の子が亡くなっちゃって……、加害者が信号無視で入ってきたという過失もあるんですから、本当に謝ってもらいたいです」

両親は、持って行き場のない怒りに震えていた――。

【事件3　アルバレンガ・ウンベルト・ジョゼ・ハジメ】

同年十一月、再び浜松市。

レストラン店主（当時57）が殺害された。深夜に店を訪れた男は、客を装って食事をした後、店主に襲いかかり首を絞めて殺害。店からは四万円余りの売り上げ金が消えていた。目撃情報や現場に残されていた指紋から容疑者が浮上する。アルバレンガ・ウンベルト・ジョゼ・ハジメという男だった（当時34）。それまで十年以上日本に滞在していたが、事件発生から四日後に日本を脱出していた。

　現場となった店を訪ねた。

「レストラン&コーヒー」と書かれた看板とレンガのアーチで飾られた店は、主を失い閉じられたままだった。テーブルの一角には被害者の遺影。背広を着た実直そうな人だった。

「主人は、私たちにおいしい料理を作ってくれました。毎年、クリスマスにはローストチキンを焼いてくれて。みんなで楽しみにしていたのに……。事件があって、生活が一変してしまいました。不幸のどん底です。なんでこんなことに……」

　そこまで言うと、店主の妻は言葉に詰まった。

　娘さんが遺影の前に飾られていたアルバムを開いて見せてくれた。店主が作った華やかな料理の写真。オードブル、サラダ、ハンバーグなど心のこもった手料理が皿に盛りつけられていた。深夜まで懸命に働き続けた被害者が最期に作った料理は、皮肉にも殺人犯に供したステーキだったという。

　被害者の職場である厨房。事件後、ガスコンロのコックが開栓されたままの状態になっており、近くには焦げた雑誌が残されていた。時間差で着火するように仕掛けられており、放火による証拠隠滅を狙ったのだろう。ガス漏れ遮断装置が作動したため爆発は免れたが、一歩間違えれば店の二階にいた家族まで火災に巻き込まれるところだったという。男の指紋が付着していたガスコックは、警察の鑑識の跡を残して薄暗闇の中で鈍く光っていた。

静岡県警は国際刑事警察機構（ICPO）を通じて捜査協力を要請。しかし日本とブラジルとの間に犯罪人引き渡し条約はない（取材当時日本はアメリカと韓国の二ヶ国のみと同条約を結んでいた）。仮に条約を締結していても、ブラジルの憲法は自国民の海外引き渡しを禁止している。容疑者が判明しているにもかかわらず、日本の司法は手も足も出ないのだ。「定住者」として日本在留資格を持つことができる日系ブラジル人だが、法を犯し逃亡すればそれっきり、というのは何とももどかしい話である。

「逃げるが勝ち」など許さない

繰り返される事故や事件、落ち度のない被害者と償い無き犯罪者。
私の思考はシンプルだ。
逃げるが勝ちなど許さない。

法律や司法が機能しないからこそ、ジャーナリズムの存在意義が問われるのではないのか。私は、三人の逃亡者たちの行方を追うことに決めた。とはいえ日本から脱出した容疑者たちが、本当にブラジルに帰国したのかどうかすらわからないし、当地での所在先ももちろん不明である。

警察が捜査しないから、当然発表もない。すべて自分で調べることになる。

現地には私が所属するテレビ局の支局もない。あまりにも低い〝勝算〟に、カメラマンの同行も頼めなかった。準備できたものといえば、「ポルトガル語」の通訳とビデオカメラ、それに格安チケットだけだ。それでも「取材ビザ」は申請した。両国の国交問題へ波及する可能性もある取材なので、観光ビザでそれを行うわけにはいかない。しかし「逃亡者追跡取材」など、その目的を正直に申告すると、ビザが発給されない可能性が高い。やむを得ず〈日本への出稼ぎ労働者のその後を追う取材〉という名目で取得した。これは嘘ではない。

逃亡中の犯罪者相手には極めて慎重な取材が要求される。

過去、重大犯罪を犯した日本人が、ブラジルに逃げたケースがあった。一九七九年、愛知県で起きた「豊橋連続保険金殺人事件」。運送会社の社長や役員が、従業員など三人に保険を掛け、交通事故などに見せかけ殺害。主犯の社長ら二名が逮捕寸前にブラジルへ逃亡し潜伏していた。やがてサンパウロ州警察に発見され、包囲された男たちは所持していた銃で応酬。激しい銃撃戦になったという。追い込まれた二人は拳銃で自殺してその逃走劇を終えた。

「逃げ切った」と思い込んでいた犯罪者たちが、「逃げ切れない」ことを覚悟した瞬間、どんな不測の事態が起きるのか想像できない。万が一に備え、慎重にことを運ばなければならないのだ。

ジャーナリスト・タッグ結成

全てが漆黒だった。

座席から楕円形の窓に顔を押しつけ、視線を落としてみても、広がるのは闇だけだ。明滅する標識灯以外は何も見えない。どうやら飛行機はアマゾンの熱帯雨林の上空を飛んでいるらしい。

読書灯の光軸が差し込むテーブルに写真を置いてみた。

優しげな目に太い眉をしているのは、強盗殺人で指名手配されたアルバレンガ・ウンベルト・ジョゼ・ハジメ。そして若い男と女の写真。彼らがどこで何をしているかほとんど情報はないのだが、眼下の広大な大地から三人を探し出さなければいけない。はたしてそんなことが可能なのだろうか。

アメリカ・ダラス経由で長駆二十四時間。船底のような狭いエコノミー席で、三人の写真とにらめっこしながら作戦らしきものを練るしかなかった……。

ブラジル最大のメガ・シティ、サンパウロの空港に降り立つ。

雑多な人種が行き交い、通りではクラクションが派手に鳴り響く。通訳氏とタクシーに乗り込み、まずは地元の大きなテレビ局を目指した。受付でパスポートを提示して報道番組の責任者との面会を申し込む。相手をしてくれたのは、日本で言う報道局長クラスであろうか。笑顔で握手し、私の説明に耳を傾けてくれた。

「私は日本から来たジャーナリストです。今回は残念なニュースを取材しています。この国から日本に働きに来た人たちが、事件を起こしたまま逃亡しているんです。解決できない事件に被害者家族たちが泣いている……」

こちらの取材意図を伝え、両国の良好な関係維持のためにも協力をお願いできないかと頼んだ。もちろん通訳氏を通してだが。

勝算はあった。

もし逆の立場で、私が海外からこんな〝珍客〟を迎えたら、こう答えるだろう。

「OK。我々にとっても大事なニュースだ。できる限り協力をしよう。その代わりと言ってはなんだが、我々もあなた自身を取材させてほしい」

さあ、どうだ。私は彼の目を見てニコニコ笑いながら、強く念を送った。ネギを背負ったカモが来たぞ。ネタになるぞ、と。

そして、望む通りの結果になった。

こうしたケースでは、テレビというメディアは話が早い。すぐに居合わせたスタッフが一斉に電話にかじりつき、大声でわめき始めた。もちろん何を言っているのか皆目見当がつかないが、逃亡者たちの氏名や以前の住所などを手がかりに、現在の居場所を探してくれているようだ。

ふと目を上げると、私の前に黒い帽子をかぶった年齢不詳の男が立っていた。

どうやら彼が私のタッグ・パートナーのようだった。男の名刺には「Guilherme Bentana」とある。ベンタナ氏か。彫りの深い目と太い眉に尖った鼻は、強く印象に残る貌《かお》だった。このベンタナが、私と一緒に逃亡者を捜し回ってくれることとなる。同時に彼は、私の後ろ姿をカメラで追った。

ホールドアップ

交通事故を起こして逃げたパトリシア・フジモトは、来日前、サンパウロ市内に住んでいたことが判明した。まずはその場所に向かってみる。

市内外れの住宅地。白い壁の立派な家はコンクリートの高い塀に囲まれ、入り口は鉄格子で守られていた。呼び鈴を鳴らすと、白いシャツを着た太った男性が顔を出す。

「私は日本から来たのですが、あなたはパトリシア・フジモトを知っていますか」と通訳してもらう。するとその男性は〈知らない〉を何度か繰り返した。腕を組むと小首を傾げて〈いったい何を知りたいんだ〉と言い、〈自分はまるで関係はない。日本語はわからない〉と言った。やむを得ない。私は「オブリガード（ありがとう）」と礼を言ってその家を後にした。

私は、被害者・理子ちゃんの母親から一通の手紙を預かっていた。パトリシアへの手紙だ。彼女に会ったら渡そうと思っていたのだが、それも叶わないのだろうか。

地元局のリサーチで、浜松の女子高生をひき逃げした容疑者ミルトン・ノボルの家が判明した。やはりサンパウロの郊外だ。翌朝、まだ暗いうちからベンタナと現地のカメラマンも加わり、その場所に向かった。

丘の上の住宅地に建つ、こぢんまりとした一軒家。鉄格子に囲まれた庭の中では、黒い大きな犬が歩いている。

男は家にいるのだろうか。とりあえずワゴン車を近くに止めて待つ。地球の反対側に来てもいつものように「張り込み」である。人生というのは何が起こるかわからないものだ。

退屈したベンタナが、英語で〈自分は日本が好きだ。一度、アサクサというところに行ってみたい。ゲイシャはビューティフルなのか?〉と話しかけてくる。〈まだ芸者とは会ったことがない〉と答えると、彼は取材メモに「ゲイシャ」の絵を描いた。それはとんでもなく下手くそな絵だった。私がそれを指でつついて、〈ゴジラか?〉と聞くと、ベンタナは腹を抱えて笑った。

彼は、手帳に挟んでいた一枚の写真を取り出して見せてくれた。

場所は地下室だろうか。怪しげな暗い部屋の中で、二人の男がストロボを浴びている。一人はベンタナ。もう一人は黄色い三角形のとんがり帽子をアゴまで深く被っている。

異様な格好だ。帽子には目と口の場所に穴が開いているだけで、顔はまったく見えない。何より目を引いたのは、その手に握られていた銀色の拳銃だった。銃口は、ベンタナのこめかみにピタリと突きつけられていた。ホールドアップさせられたベンタナのその顔は、今にも泣き出しそうであり、笑っているようにも見えた。

〈マフィアのボスさ。何度もトライしてやっと取材ができた。目隠しされて連れていかれたアジトがここさ。目を開けたらボスがいたんだ。銃で脅されたんだよ。でも、インタビューができた。これは記念写真さ〉

この男、日頃から相当危ない取材をしているらしい。握り拳で親指を上に立て、〈スクープだ〉と胸を張るベンタナを見ながら、そう思った。

話に花を咲かせていると、白いボディにど派手なカラーリングを施した車が猛スピードで坂道を登ってきた。パトカーだ。ミルトン・ノボルの家の前でピタリと止まる。男の国際指名手配と関係があるのかと思い、カメラを持って飛び出す準備をする。だが、銃を構えた警察官たちが取り囲んだのは、私たちのワゴン車だった。

私とベンタナは、マフィアではなく警察官にホールドアップする羽目になった。私はこっそりとビデオカメラを回したまま、警察官にＩＤやらパスポートを示し、経緯を説明する。やはり取材ビザを取得しておいて正解だったのだ。

　この騒ぎを見て、ミルトン・ノボルの妻が家から出てくる。通訳を介してわかったことは、パトカーを呼んだのはミルトン・ノボルの妻であった。〈怪しい車がずっと止まっている〉と警察に連絡したのだという。もともと治安が悪い地域らしい。彼女は私たちがマスコミと知ると安心したようだ。彼女は〈ミルトン・ノボルには会わせられない〉と言いながらも、私の取材に応じた。だが、もしもミルトン・ノボルが妻に日本での「ひき逃げ」の事実を隠しているとしたら、そのことを私の口から彼女に伝えることはできない。これは私の取材ルールの一つだ。彼の家族に罪はない。

　しかし彼女はこう言った。

〈日本でのこと、私は聞いています〉

　大きな身振り手振りで話す。

〈彼はひき逃げを認めてるわ。私にも打ち明けてくれたから……〉

　死亡事故を起こしてブラジルに逃げ帰った男は、三ヶ月後に彼女と結婚したのだという。今は二人の子供をもうけ、幸せに暮らしていた。私は、どこかで感情の高ぶりを感じながらも、努めて冷静に被害者の父親の孤独な生活ぶりを彼女に伝えた。だが、〈それは私たちとは無関係だ〉と、相手にもされなかった。

〈ミルトン・ノボルは、事故のことをどう思っているのか〉と問うと、大きく目を見開いた彼女は、両手を天に広げて、一際高い声でこう言った。

〈気にしてますよ。神からの罰を受け、自分の子供が被害者と同じ目に遭うことを心配しているわ〉

逃亡者が悩んでいたのは、被害者のことではなく、自分や家族への天罰だった。


騙された！


この日、意外な事実が判明した。

一昨日訪れたパトリシア・フジモトの家から出てきた太った男性は、パトリシアの父親だったというのだ。パトリシアとその父親は日本から一緒に逃亡している。そして浜松では父親も日本語を話していたと聞いていたのだが。

やられた――。

我々は再びパトリシアの家へと向かった。ミルトンのこともあり、私は怒りを感じながら、再度呼び鈴を鳴らした。するとドア越しに例の男、つまり父親がのんびりと顔を出した。

「フジモトさん、あなた日本語が話せるでしょう?」

思わずそう怒鳴っても、とぼけて、鉄格子の向こう側でポルトガル語を捲《まく》し立てるだけで会話は成立しない。玄関先で二ヶ国語の応酬が続いた。

「メッセージがある。山岡さんからです、ちゃんと話そう……」

私は、格子の隙間から山岡さんから預かった手紙を渡そうと手を伸ばした。しかし男は私の言葉に耳を傾けようともせず、何かを喚《わめ》くと、内側の木製扉をバタンと閉め、二度と顔を出すことはなかった。見上げると二階の部屋の窓が開いている。パトリシア本人も家にいるのだろうか。

後にビデオカメラに記録した音声を翻訳してもらった。父親が私に放った台詞は、〈地獄へ落ちろ!〉だった。

私のジャケットのポケットには、渡すことが叶わなかった理子ちゃんのお母さんからのメッセージが残されていた。

〈パトリシアさん　今、あなたは何を思っていますか?　私と同じように母親です。きっと同じように苦しんでいる。そう信じたい。少しでも罪の意識があるのなら、公の場

に出て謝って下さい……〉

強殺犯との対峙

強盗殺人で指名手配されたアルバレンガ・ハジメはどこにいるのか。

調査を進めると、わずかな手がかりが浮上してきた。男の生まれ故郷がわかったのだ。現在そこにいるという保証はないが、他に手がかりもない。私はサンパウロから国内線の飛行機でブラジル有数の都市・ベロオリゾンテへと移動した。

空港で運転手付きのレンタカーを借りる。牧場や畑の中を貫く一本道は、どこまでもまっすぐに伸びている。四時間ほど車を走らせると、リオカスカという山間の街に着いた。ここが男の故郷だった。

人口一万五千人。運転手に言わせれば、治安の良くない場所らしい。住人はほとんどが顔見知りで、日本人が来たことに気づかれると、面倒なことになりそうだ。頼りに一枚の顔写真だけ。それなのに、車から降りずに男を見つけることができるのか。

ゴツゴツとした石畳の細い路地を縫うようにゆっくり車を進めてもらう。そこかしこに人々が寝転んだり座ったりしている。一番華やかな通りも、雑貨や食料品などを並べた小さな店が並んでいるだけだ。こぢんまりとした街だが、目的の人物は見つからず時間だけが過ぎていく。

ある交差点にさしかかったときだった。間口の狭い小さな店先に、足を広げて座っている一人の男に目を奪われた。広い肩幅にはちきれそうにして、白とグレーのTシャツを着ている。店の青い看板は「レストラン」と読めた。近くに車を止め、スモークガラス越しに男の顔を見つめた。

輪郭、眉、目、鼻、そして口。

男の顔と、手元の写真に交互に目をやる。何度見ても全てが一致する。

間違いない。

日本のレストランで強盗殺人をした男が、逃げ帰った母国のレストランで働いていた。男の姿を車中からカメラで押さえる。あとは本人への直接取材だ。

事件の夜に何があったのか。犯人は本当にこの男なのか。確認しなければいけないことがいくつかある。犯人ならば出頭することも勧めなければならない。

「さあ、行こう！」。そう自分自身に活を入れたが、身体はすぐには動かない――。

怖いのだ。

当たり前だ。治安の悪い街に暮らす大男、しかも強盗殺人の容疑者である。何が起きてもおかしくはない。通訳に至っては後部座席で亀のように首を縮め、顔まで両手で隠してしまった。困り果てた私を助けてくれたのは、ベンタナだった。

〈OK。レッツ・ゴー！〉

彼は子供のように無邪気に笑うと、躊躇なく銀色のドアレバーを引いた。

レストランの裏手、小さなロータリーの脇で準備をする。ベンタナには隠し撮り用のカメラを持ってもらい、私は胸元にピンマイクを忍ばせた。

通訳は、ついてこない……。

長く日本で暮らしたアルバレンガ・ハジメは日本語が堪能だと聞いていた。だが、もし取材する前に、彼が私に気がついたとする。こんな場所にいるはずのない日本人の意図をすぐさま察知し、またもパトリシアの父親のようにポルトガル語で捲し立てられたら一巻の終わりである。取材はおろか、男がアルバレンガ・ハジメであるか否か、本人確認すら難しくなってしまう。

ベンタナと男はポルトガル語で話ができても、通訳がいなければ私とベンタナの意思疎通はお互いの危うげな英語だけ、という面倒な状況だった。とはいえ今、私が頼れるのは数日前に出会ったこの男だけだ。

現場はいつもそうだ。

どんなに嘆いても、ないものはない。事件、事故、災害地。フィルムがない、防寒着がない、水も食料もない、交代もいない――それでも何とかやってきた。

今度こそ、騙されてたまるか。

私は身振り手振りを交えながら、ベンタナにカメラを回しながら私の三メートルほど後ろをついてきてくれるように頼んだ。

天を仰いで、大きく一度深呼吸をした。

ブラジルの空は、どこまでも青く美しかった。

地球の裏側まで殺人犯を追ってきた。もはや正気の沙汰ではないのかもしれない。ベンタナに目をやった瞬間、銃を頭に突きつけられた彼の写真が脳裏を掠《かす》めた。

レストランに続く歩道に足を乗せた。

もう、引き返せない。

気配を消して、一歩ずつ男へと近づいていく。死角だ。男に気づかれないように死角から近づくのだ。心のどこかがひりひりする。店先のパイプ椅子に巨体をもたせかけている男の姿が次第に大きくなり、同時に私の五感が全開になっていく。頬に風を感じ、靴底が路面の微細な凹凸までを捉え始める。

思い出させてやろう。

小さなレストランで、慎ましく暮らしていた人のことを。お前のためにステーキを焼いてくれた人のことだ。その人の家族の嘆きが、心をよぎることはないのか。遠いアジアの片隅で泣いて暮らす人がいようが、お前には無関係のことなのか。

ならば、せめて、一泡だけでも吹かせてやる。

勝負は一瞬だ。

男に手が届きそうな距離で、肺に空気をため込むと、一気に声にした。

「ハジメさん！」

意表を突かれたように彼は振り向き、答えてしまう。日本語で。

「はい、そうです」

こんな場所に、写真とそっくりな顔をして、かつ日本語が堪能なブラジル人が他にいるとは思えない。

お前が強殺犯だ。

「ちょっと話がしたい」

「どちらさま？」

警戒したのか低い声になった。

「日本テレビ。私は日本から来た。浜松の事件のことを聞きたい」

男の表情が急速に険しくなっていく。

次第に男は、なぜこんな場所に日本人がいるのか、その意味を少しずつ理解し始めたようだった。

やがて、男の重い口が開いた。

「向こうで話そう」

男は、遠くを指さすと椅子から立ち上がる。脚の金属パイプがコンクリートの床に擦れる音が不気味に響く。

立ち上がると、背の低い私が見上げるばかりの体軀だ。丸太のように図太い腕が、私の目の前にあった。

周囲を見回した男は、レンタカーやスタッフに気づいて、こう言った。

「あれも仲間か。あちらで話そう」

男は、レンタカーから見えない路地裏を指さして誘うが、そうはいかない。私が装着しているワイヤレスマイクの到達距離はたかが知れている。車から遠ざかるわけにはいかないのだ。

「ここで話そう」

「いや、ここではダメだ」

ついに捜し当てた逃亡犯（著者撮影）

小さな交差点で押し問答をしていると、異変を感じたらしい彼の仲間が集まって来た。レンタカーに残っていた通訳とカメラマンは、このやりとりを見て大騒ぎとなっていた。車内で回していたカメラにその音声が残っていた。

〈あ、危ないよ〉〈逃げてる〉〈ついていったら危ない〉。

男が私に大きな背を向け立ち去ろうとする。

私は一番聞かなければいけないことをぶつけた。

「あなた、本当に人を殺したんですか？」

「……」

「とぼけないでください。浜松のレストランでのことを聞きたいんです」

男は、私に背を向けると沈黙のまま歩き出した。

「日本に戻って警察に出頭するつもりはないか」

何を問いかけても、無視を決め込み足早に離れていく。

すべてのシーンはカメラに記録された。奴の仲間のジーンズの尻ポケットには、小型拳銃の形が浮き上がっていたのを後になって気づいた。

車に戻って男を追跡する。ベンタナは車の窓を開けて、大声で何やら問いかけるが、男は動じない。途中でタバコに火をつけて、やがて建物の扉の中に逃げ込んだ。通訳が焦ったように騒ぎ出した。「あそこは警察だ、早く逃げましょう」。なぜこちらが逃げなければならないのかと訝る私に通訳は、「ここは民主警察です。市民に雇われた警察官は、我々を逮捕拘束する可能性があります。早く空港に戻らないと検問が始まるかもしれない」と説明した。

納得できないが、この国の警察からすれば、海外メディアの取材などより自国民の保護が優先されるのだろう。私は取材テープを抜くと靴の中に隠してその場を離れた。

二ヶ国で放送

街を見下ろす草原の上で、私としては珍しくマイクを握ってリポートした。これで取材は終了だ。無力としか言いようがなかったが、これ以上、私にできることはなさそうだった。

サンパウロに戻ったその夜、ホテルのバーでベンタナと飲んだ。肉と豆の料理をフォークでつつき、ワイングラスを傾けた。なんとか取材ができたのは、間違いなくこの男のおかげだ。誰もが怖気づいたあの瞬間、私の尻を叩くように声をかけてくれた男に対し、私は戦友のような感覚すら覚えていた。

〈日本に行ってみたい、食べ物は何がおいしいんだ?〉。そうニコニコと聞く彼に〈ぜひ来たらいいさ、浅草を案内しよう。ヤキトリを知っているか、ミニ・バーベキューだ〉。私は、紙ナプキンに下手くそな焼鳥の絵を描き、笑って再会を約束した。

日本に戻った私は、指名手配犯を見つけたこと、その居場所などを静岡県警に伝えた。レストラン店主だった被害者の遺族にも会った。アルバレンガ・ハジメの現状を知って、涙ながらにやりきれない思いを語ってくれた。

「悔しいですね。犯人が分かっているのに捕まえることができない。こんなことってありません。なんとかならないんでしょうか」と声を震わせた。

ミルトン・ノボルが起こした悪質な事故によって娘を奪われた父親は、「一人の人間をはね飛ばし、死なせて外国へ逃亡。結婚して子供ができるなんて……よく平気でそういうことができるなって思ってね。同じ人間でありながら。納得できないですね」と狭いマンションの一室で首を傾げた。

その後は、遺族たちの署名活動や集会にもカメラを向けた。東京では外務省やブラジル領事にインタビューもして、解決の糸口を探してみた。

私は編集ブースにこもり、これらの素材を繋ぎ合わせて、ニュース特集やNNNドキュメント「逃亡」などの番組にした。

同じ頃、ブラジルではベンタナが制作した番組もオンエアされる。私は彼のインタビューを受け、アルバレンガ・ハジメの映像も提供した。

翌年二月のことだった。

アルバレンガ・ハジメが逮捕されたのである。

ブラジルの地元局から衛星伝送されてきた映像の中で、アルバレンガ・ハジメは警察官に連行されていた。あの日見た太い腕を、手錠によって拘束されて。

日本から「代理処罰」という形で、国外犯処罰の要請を受けたブラジルの検察は、静岡県警の捜査資料を証拠として、強盗殺人と放火未遂の罪で起訴したのだ。

ブラジル高裁は男に対して、禁錮三十四年五ヶ月という判決を下した。

女子高生をひき逃げし、神からの罰を心配していたヒガキ・ミルトン・ノボルも、禁錮四年の刑が確定する。理子ちゃんを死亡させ逃亡したパトリシア・フジモトは、二〇一三年になってサンパウロ州地裁が過失致死罪を認定。禁錮二年二ヶ月を言い渡した。

長い逃亡の果てに、犯罪者たちはついに司直の手に落ちた。

ならば遺族たちの声が異国へと届いたと、はたして言えるのか。いや、それを軽々しく口にすることなどできない。結局被害者は、事件前の幸せな時には戻れないのだ。

せめて犯人逮捕が、今後の海外逃亡者の抑制に繋がることを願うしかない。

遺された写真

ブラジルから戻って間もない頃のことだった。

ポルトガル語の通訳氏から連絡が入った。彼は挨拶も早々に受話器を通して私の耳に衝撃の報せを吹き込んだ。

〈ベンタナが死んだそうだ――〉

外国訛りのその日本語が意味するものを理解するには少しの時間が必要だった。

自動車事故だったという。深夜のサンパウロ市内でベンタナがステアリングを握ったメルセデスは、時速百キロ以上の速度で中央分離帯に激突した。ノーブレーキという異常な状況だったという。

〈まるで誰かに追われて、逃げているような状況だった……〉

通訳氏はそれだけ言うと電話を切った。

いったい何があったんだ――。

脳裏に浮かんだのは、ベンタナがマフィアに銃口を突きつけられた、あの写真。

私は、部屋の壁にぶら下がった黒い帽子に目をやった。それは、したたかに酔ったサンパウロの夜、別れ際にベンタナが私の頭に被せてくれたものだった。ツバの部分にテレビ局の名前が刺繍され、横には緑と黄色のブラジル国旗が張り付いている。お返しに私は安物の腕時計を渡した。彼は時計を腕に巻くと、親指を立て「オブリガード」とにっこり笑った。

あの日に交わした「浅草に行こう」という約束は、果たせぬままということか。

なぜ死んだ。

彼のことをもっと知りたくてネット検索をしてみると、YouTube の映像が引っかかった。それは彼の追悼番組のようだった。ベンタナは彼の地で有名なジャーナリストだったらしい。

事件や事故の現場でマイクを握り、身振り手振りのアクションをつけて早口でリポートする姿。犯罪者にマイクを向け、自ら飛行機からパラシュートで飛び出す姿もあった。映像に浮かび上がるのは、現場にこだわり、そこに近づこうとする男の姿だ。映像にはポルトガル語で、〈ジャーナリスト、事故で死す〉と記されていた。

YouTube にはもう一本追悼映像があった。スチール写真のスライドショーだ。もの悲しいギターの伴奏をＢＧＭに、在りし日の彼の人生と仕事を伝えていた。

スライドショーが終わりを迎える頃、すっと現れた一枚の写真に目が釘づけとなる。

場所は草原。

握り拳に親指を立て、笑いかけるベンタナ。

彼が肩を組んでいたのは、私だった。

逃亡者を見つけた後で、小さな街を見下ろす丘の上で撮った記念写真だった。あの日のことを、ベンタナも大事にしてくれていたのだろうか。

第二章　歪められた真実――桶川ストーカー殺人事件

とにかく私は「現場」にこだわる性質《たち》だ。前章のようにそれが地球の反対側であろうと関係ない。重要な関係者がいるならば、どこまでも追いかけるしかない。

そうした私の取材スタイルの原点とも言えるのが、一九九九年に起きた桶川ストーカー殺人事件の報道である。これは、後に「調査報道」の成功例として挙げられてもいる。

そもそも「調査報道」と、普段目にする〝報道〟とは何が違うのか。新聞記事やニュースを見ていても、「これは調査報道です」と説明されていることはあまり無く、一般の人には馴染みが薄い言葉であろう。報道全体を見回しても、「調査報道」と呼べるものは少なく、絶滅危惧種のようなものなのかもしれない。

しかし、ここで調査報道の定義を堅苦しく述べるつもりはない。これから紹介する「桶川ストーカー殺人事件」は、いわばその実践編であり、調査報道に必要とされる要素が多数含まれているはずだ。

そしてこの事件は、「報道で一度世に流れてしまった誤情報」に対して、「それは違う」「おかしい」と声をあげて、風評や定説を覆すことがいかに難しいか、そのこともまた教えてくれるはずだ。

「遺言」

一九九九年十月、JR高崎線桶川駅前。

人が行き交う白昼の歩道で、女子大生の猪野《いの》詩織さん（当時21）が刺殺されるという痛ましい事件が起きた。現場ではナイフを握った小太りで短髪の犯人が目撃されたが、そのまま逃走する。

当時、写真週刊誌『FOCUS』の記者だった私は、この事件の取材に当たった。

捜査を担当する埼玉県警上尾《あげお》署で名刺を差し出せば、一瞥した副署長は、首を傾げて言った。

「記者クラブに加盟してなければ、取材には応じることはできませんね……」

官庁や警察などには、大手マスコミ（主に新聞社、通信社、テレビ局）が加盟する記者クラブというものがある。庁舎内に記者室が設けられるなど取材の便が図られている一方で、非加盟者である週刊誌記者などお呼びではない。「クラブに属していない」というだけの理由で取材拒否されることも日常茶飯事。予期していた反応とはいえ、釈然としないまま現場に戻った。

皮肉にもこれが「調査報道」の入り口になったのだが、当時はもちろんそんなこと知る由もない。

事件現場は、駅前ロータリーの一角の歩道。煉瓦のブロックが並べられたその場所には、警察官やマスコミ、野次馬が集まっていた。

手を合わせた私は立ち尽した。

いったい何を取材すればよいのだろうか——。

現場にはいくつもの花束が手向けられていた。被害者詩織さんの死を悼む人たちが次々とやってきては、手を合わせ、花をささげている。私は彼らに挨拶をしては、名刺を渡し、詩織さんの知人を探した。取材を嫌がる人ももちろん多い。しかし中には何か言いたいことがある人もいるはずだ。そう信じて闇雲に声を掛けるうちに、私は詩織さんと親しかったという二人の男女と知り合うことができた。

スーツ姿の男性は大人しそうな人で、島田さん（仮名）といった。もうひとりの陽子さん（仮名）は、流行のファッションに身を包んでいた。挨拶をしている間も、二人はしきりに周囲を気にしていて、何かに怯えている様子なのだ。私は、彼らをカラオケボックスに案内することにした。ここならば周囲に気を使う必要はない。

シートに腰掛けようとした直前、島田さんはいきなり訴えた。

「詩織は小松と警察に殺されたんです」

意外な言葉にフリーズする私。島田さんは続ける。

「小松はストーカーなんです。詩織は全てを話してくれていました。彼女は僕たちにこう言い遺して死んでいったんです。『私が殺されたら犯人は小松』って……」

握りしめた彼の手が、膝の上で小刻みに震えていた。隣の席では陽子さんが無言で頷いている。複数の男たちが半年間にもわたり、詩織さんを脅して嫌がらせを続けたというのだ。島田さんは、ストーカーの名前や特徴、知り合った日付から、行動がエスカレートしていくまでの詳細な経緯をメモに残していた。詩織さんに「メモしておいて」と頼まれたのだという。

「詩織は小松からこう言われました。『おまえは二〇〇〇年は迎えられない』『俺は自分では手を下さない』って。本当に怯えてました。彼女は上尾署に告訴までしたんです。けれど警察は動いてくれなかった」

そして彼女は本当に殺された。

「警察に殺された……」というのはそういう意味だったのだ。

そして、彼らはそのストーカーを心底恐れていた。

「詩織が小松と出会ってしまったのは、一月六日のことだったそうです……」

豹変

この日、詩織さんは女友だちと大宮駅近くのゲームセンターにいた。プリクラを撮ろうとしていたのだが、機械の調子が悪く困っていた。そこへ「どうしたの？」と見知らぬ男二人が、声を掛けてきたという。

優しそうに笑う長身の男は、「小松誠」と刷られた名刺を差し出し、車の販売をしていると自己紹介した。小松は詩織さんをひと目で気に入ったらしく、「カラオケでも行かない？」と誘ったという。四人はカラオケボックスで歌い、帰りに電話番号の交換をした。どこにでもありそうな若者たちの出会いだった。

小松と詩織さんは、二ヶ月ほど付き合うことになる。ドライブやディズニーランドにも行ったという。自称・青年実業家は詩織さんにプレゼントをするのを好んだ。最初は、三百円程度のぬいぐるみだった。しかしそれが段々とエスカレートして、バッグや服など高価なプレゼントを押し付けるようになる。過熱するプレゼント攻撃に詩織さんが不安を覚え、断ると「俺の愛情表現なんだ。どうして受け取れないんだ！」と怒鳴ったという。

次第に詩織さんは男の様子のおかしさに気づき始める。

小松はポケットにそのまま札束を入れていた。いつもカメラを持ち歩き、突然に詩織さんの写真を撮る。車の運転は乱暴だった。ある時、車内に置かれていたカードを何気なく見ると男の名前が違っていた。「誠」は偽名だったのだ。

池袋のマンションに行ったことがあった。その部屋は、あまり生活感がなかったという。やがて隠しカメラがセットされていたことに詩織さんが気づく。

「なんでカメラがあるの？」と尋ねると、小松は顔色を変えた。

「うるせー、俺をなめとんのか！」と怒鳴り豹変した。壁にもたれていた詩織さんの顔すれすれに拳を繰り出し、そのままの姿勢で壁をダンダンと叩き、絶叫したという。

「お前は俺に逆らうのか。今までプレゼントした洋服代として百万払え。払えないならソープに行って働いて金を作れ。今からお前の親のところに行くぞ！」

詩織さんは大好きな両親に、こんな男と付き合ってしまったことを知られたくなかった。その日を境に、詩織さんの生活は小松によってがんじがらめにされていく。

小松は嫉妬深かった。ひっきり無しに電話がかかってくる。

「どこで何をしているんだ！」

「男と一緒なんだろう!!」

番号を教えていない自宅にまで電話がかかってきた。たまりかねた詩織さんが、別れてほしい、と切り出したのは一度や二度ではなかったという。しかし男は脅しをエスカレートさせるだけだった。

「別れると言うなら、お前を精神的に追い詰めて天罰を下す。親父はリストラで一家は崩壊だ。俺を普通の男と思うな。俺の人脈と全財産を使ってでも徹底的にお前を叩き潰す。いいか俺は自分では手を下さない。金で動く人間はいくらでもいるんだ」

見知らぬ男たちから尾行されたことがあった。詩織さんしか知らないはずの行動を、小松がなぜか知っていたことも。詩織さんの男友だちを調べて電話をかけては、〈詩織に近づくな。俺の女に手を出すな。お前を告訴するぞ〉と凄んだこともあるという。

詩織さんは徹底的に脅された。

「前に同棲した女はさあ、自殺未遂したんだよ。ちょっとお仕置きしたら、頭がおかしくなっちゃったんだ」

「何をしたの？」

「それは教えない」。そう言ってニタリと笑った。

ある日のこと、正座させられていた詩織さんの前に小松がナイフを置いた。

「俺のことが本当に好きなら自分の腕を切ってみろ」

支離滅裂だった。獣のように叫び、荒れ狂い、突然家具を蹴飛ばして暴れたこともあった。ある時はバリカンを買ってきて、「これから儀式をやる。お前を丸刈りにする」と言い放った。その日は脅しだけだったが、詩織さんは後日島田さんたちにこう語った。

「丸刈りであの人と別れられるなら、喜んでなろうと思った」と。詩織さんはそこまで追い詰められていたのだ。

けれど限界だった。

六月、詩織さんは小松に対し「別れたい」とはっきりと告げた。恐怖と戦いながら自分の意志を伝えたのだ。

　小松は心底怒ったという。

「俺は裏切るやつは絶対に許さない」

　その日のうちに、小松と二人の仲間が詩織さんの自宅に乗り込んできた。うち一人は後に逮捕される小松の兄だったのだが、小松の上司と名乗った（実際は消防士）。

「小松が会社の金を五百万ほど横領したんです。お宅のお嬢さんにそそのかされたと。私たちは娘さんを詐欺で訴えます。誠意を見せてもらえませんか」

　詩織さんの父親が「話があるなら警察に行こう」と応じると、男たちは「このままじゃ済まないぞ、覚えておけ」と捨て台詞を吐いて出ていった。

　詩織さんは、両親には言えなかった小松とのことをようやく話し始めた。家族で話し合った結果、警察に相談することにした。

絶望

　翌日、詩織さんは母親と埼玉県警上尾警察署に出向く。

　詩織さんは、家に乗り込んできた男たちの声をとっさに録音していた。それ以前に録音した小松との電話のやりとりもあった。そのカセットテープを刑事に聞いてもらい、これまでの経緯を説明した。自分のプライバシーも伝えねばならず気は重かったが「助けてください」と強く訴えた。ところが対応した刑事たちは冷たく言ったという。

「ダメだね。これは事件にならないよ」

「プレゼントもらってから別れたいと言えば、普通怒るよ男は。あなたもいい思いしたんじゃないの？　男と女の問題だから警察は立ち入れないんだよ」

テープは一応預かるというが、だからといって警察が動いてくれるとは思えなかった。詩織さんは、小松から贈られたプレゼントの全てを男のマンションに送り返した。

その頃から、詩織さんに対する組織的ないやがらせが始まったのである。

七月に入った雨の朝のことだった。

家の周りに、大量の黄色いビラが貼られていたのだ。そこには詩織さんの名前と三枚の写真、そして〝WANTED　天にかわっておしおきよ!!〟という大きな文字とともに誹謗中傷が書かれていた。母親が一枚ずつ剝がして回ったが、同じチラシは詩織さんが通う大学の近辺や駅構内にまで貼られた。一人の仕業とは思えなかった。

あまりのことに詩織さんはついに「告訴」することを覚悟して上尾署へ向かう。

ところが対応した刑事はこう言った。

「よーく考えた方がいいよ。全部みんなの前で話さなくてはいけなくなるし、時間がかかるし、面倒くさいよ」

警察が何もしてくれないうちに、事態は悪化の一途をたどる。

今度は都内で彼女の写真入りのカードが多量にばらまかれたのだ。〝援助交際ＯＫ〟というメッセージと、詩織さんの自宅の電話番号が刷られていた。続けてネット上にも同様の書き込みがなされたという。いやがらせはエスカレートする一方で、気の休まる間はなかった。家の前に車が止まるだけで、詩織さんはカーテンの隙間から外の様子を窺い、電話の着信音に恐怖する。眠れない夜が続き、「おまえは二〇〇〇年は迎えられない」という小松の言葉が耳から離れない。

「証拠がないから動けない」と言うだけの警察に動いてもらうには、やはり刑事告訴しかない。しかしその上尾署に通っても「今試験中でしょ。試験が終わってから出直して来ればいいのに」とのらりくらり。なぜこんなにも消極的なのか。話を聞いた島田さんは、詩織さんにこうアドバイスした。

「『このままでは殺される』と言って警察に座り込んででも助けてもらえ」

詩織さんが渋る警察を押し切って告訴したのは七月二十九日のことだった。被疑者不詳の「名誉毀損」だったが、ようやく受理されて詩織さん一家は安心した。これで捜査をしてもらえる……。ところが、警察はそれでもほとんど動かなかったのだ。

八月には、父親の会社宛てに千通を超える匿名の手紙が届いた。内容は父親と詩織さんを侮辱するデタラメなものだった。

〈御社の猪野は堅物で通っているが、実はギャンブル好きで、外に女がいる……この娘のせいで会社の金が横領された。御社のような大企業がこのような男を雇っているのは納得できない……〉

翌日、父親が手紙を持って上尾署に行くが、担当の刑事はそれを見て笑って言った。

「これはいい紙使ってますね。手が込んでいるなあ」

詩織さんは、「お父さんがかわいそう」と落ち込んでいたという。

それだけではなかった。肝心の告訴の方も、おかしなことになってくる。

九月二十一日頃、猪野家に刑事がやってきてこう言ったという。

「あの告訴を取り下げて欲しい」

その理由はわからない。「告訴するなら、またすぐにできますよ」などと続けた。対応した母親はきっぱりとそれを拒絶したが、それを聞くと詩織さんはすぐに小松の口癖を思い出した。

「俺は警察の上の方も、政治家もたくさん知っている。できないことはないんだ」

警察のあまりにもやる気のない姿勢に、詩織さんは絶望した。

「これはもうしょうがないよ。私、本当に殺される。やっぱり小松が手を回したんだ。警察はもう頼りにならない。結局何もしてくれなかった。もうおしまいだよ……」

寂しそうに友人たちに心の裡《うち》を吐露した。

そして詩織さんは殺害されてしまった――。


どこかでだれかの歌声が響くカラオケボックス……。

島田さんと陽子さんの二人は、全てを私に話し終わるとその場で号泣した。

その日、詩織さんの言葉が「遺言」となって私に廻ってきたのだ。以後、私は彼女が遺した言葉を道標に、長い取材を重ねていくことになる――。

話を聞き終えた私は、一旦、頭をクールダウンして慎重に内容を精査した。

今後、可能な限りの「裏取り」を試みなければならない。「裏取り」とは、取材した内容が正しいかどうか、別の方法で確認を取っていくことだ。

たとえ被害者側の話とはいえ、鵜呑みにはできない。そもそもが「伝聞」でもある。

けれど私はこの二人の話は事実だろうと思っていた。大切な人を殺された悲しみと彼女を救えなかった後悔が、話の端々に滲み出ていたし、ストーカーに対する怯えも本物だった。話が事実だからこそ、小松という男に心底恐怖しているのだ。警察に絶望した詩織さんは、いったい何のために「メモしておいて」と言い遺したのか。そのメッセージを受け取った二人は、この話を誰かに伝えなければならないと使命に似た想いを抱えていたに違いない。

編集部に戻ると、取材メモをまとめ、あちこち電話をかけては、裏取りの作業を進めた。地図をコピーし、資料を揃えて再び取材に出る。詩織さんの話に登場する大宮のゲームセンターやプリクラの機械、池袋の小松のマンション、父親の会社、島田さんが詩織さんから初めてこの話を聞いたという天ぷら屋……。

それぞれを自分の目で確認して、この話を記事にすることに決めた。小松という男とストーカー・グループ、そして殺人事件は何らかの関係があると判断したからだ。

「殺される」と怯えて暮らし、死んでいった女性。

「やってやる」と豪語して姿を消したストーカー。

冗談ではない。

私は取材で判明したその経緯を懸命に要約し、短い行数に押し込んでいった。もちろん、情報提供者である島田さんと陽子さんが特定されないよう十分に配慮する。小松のことは「K」とイニシャルで記した。記事のタイトルは、「ストーカーに狙われた美人女子大生の『遺言』」、サブタイトルは「親友に託した犯人名」だ。

以後、長期にわたって連載することになった「桶川ストーカー殺人事件」の第一回目の記事だった。

その後の取材で、車のセールスをしていると吹聴していた小松が、実は池袋の性風俗店のオーナーだったことも明らかになった。詩織さんが遺した情報を頼りに、ストーカー・グループの根城と思われる池袋周辺で店を探しては、関係者の取材を続けた。

小松は、身長一八〇センチで細身の男だという。一方、刺殺現場から逃走した男は身長一七〇センチで小太りと、人着《にんちゃく》（警察用語で犯人の人相や着衣のこと）は一致しない。しかし小松の口癖は「俺は自分では手を下さない。金で動く人間はいくらでもいる」だった。依頼殺人なのだろうか。記事に潜ませた「K」というイニシャルに反応した読者から、小松の情報も入ってきた。小松の店の元従業員を取材することもできた。少しずつ男の素性が明らかになってくる。もう少しで何かが見えてくる……。

白昼、駅前で刺殺された美人女子大生――。

事件から一週間、そして十日とマスコミの注目が衰えることはなかった。遅々として進まない捜査をよそに、報道合戦がエスカレートしていく。ところがいずれも私の記事とは違って、まるで詩織さんに非があるかのような内容の報道ばかりだった。〈被害者は風俗嬢〉〈ブランド依存だった〉といった扇情的な文句が、夕刊紙やスポーツ紙、週刊誌に躍る。テレビの情報番組ではコメンテーターが「水商売していたんでしょ。そんなお店にいたなら彼女も悪いですね」と言い放つ。まるで被害者に非があるかのような報道に私は苛立った。なぜこんなことになるのか。『ＦＯＣＵＳ』の編集長からも、「何でウチはこういう記事を書かないんだい……」と指摘される始末。

それでも私は自分の取材を信じ、独自路線の記事を書き続けた。

決断

一方、気になっていたことがあった。

刑事が詩織さんの家にやってきて、「告訴を取り下げて欲しい」と言ってきた件だ。なぜ一度受理した告訴を、警察が「取り下げ要請」する必要があったのか。しかも刑事は、「告訴するならまたできますよ」と説明したという。刑事訴訟法では同じ案件で二度の告訴はできないから、事実ならば警察官が誤った情報を伝えたということになる。

この件について上尾署に確認を取りたかったが、例のごとく私の取材には一切応じない。殺人事件の取材でも取りつくしまがないのだから、警察内部についての情報など論外だろう。そこで私は、埼玉県警を担当していた友人の新聞記者「ミスターT」に尋ねてみた。ミスターTは飲み仲間でもあり、信頼できるベテラン記者だ。

するとこの頃、同じ噂がマスコミの一部で流れていたことがわかる。問い合わせに対し上尾署の幹部はこう答えたという。

「調べてみましたが、告訴取り下げの要請をした刑事はウチにはいません。記録も報告もありません。そんなことを言うはずもありません」

さらにある幹部は、「ニセモノですよ。おそらくストーカーが芝居を打って告訴を取り下げようとしたのでしょう」と語ったという。なるほど。あのストーカー・グループならば、やりかねない。私もそれを聞いて納得し、エピソードの一つとして「ニセ刑事による告訴取り下げ」の話を記事に書き込んだ。

池袋での取材が続いた。

独自の記事を出し続ける『FOCUS』編集部に、寄せられる情報も増えてきた。その一人からこんな話を聞いた。

「小松の風俗店の従業員に、身長一七〇センチ、小太りで短髪の男がいる」

いつもスーツを着ているなど、その男の人着は桶川駅前から逃走した男にぴったりだった。男の名前や立ち回り先もやがて判明していく。

やはり池袋の別のマンションだった。

小松のグループは、新しい風俗店をオープンしようと準備を開始しているようだった。

空振りも承知でその部屋を張り込むことにした。相手には気づかれないように遠距離から監視できる場所を確保し、そこに超望遠レンズを持ち込む。いつもコンビを組む桜井修カメラマンと長い張り込みが始まった。

さまざまな男たちが、その部屋を訪れては帰っていった。すでに風俗店は開店しているようだったが、小松や実行犯の男は本当に現れるのか……。

木枯らしが吹きすさぶ十二月六日の夕刻のことだった。

桜井カメラマンが、実行犯らしい人物たちの撮影に成功したのである。数名の男たちがマンションのドアから出入りする写真だった。私は元従業員たちにこの写真を見てもらい、確認を取っていった。とはいえ、すぐに記事にできるわけではない。自分たちの写真が載った雑誌が出たら逮捕前に逃走されてしまうからだ。それでは元も子もない。詩織さんが懸命に遺言を残した理由は、週刊誌のスクープのためではないだろう。どうしたら犯人が逮捕され、かつ記事にすることもできるのだろうか——。

私は決断を迫られた。

警察の捜査が遅々として進んでいないことは知っていた。池袋での取材を続ける間、それらしい捜査員を見かけたことはほとんどなかったからだ。ならば仕方がない。私は、ミスターT経由で犯人たちの情報を上尾署に伝えることにした。警察に取材を拒否されている私が、なぜ警察に情報を提供しなければいけないのか。考えるほどに癪だったが、事は殺人事件である。やむを得まい。

ところがそれでも、捜査本部は逮捕に踏み切らなかった。

いったいどうなっているのか。

連日池袋に通っては、大勢の捜査員が張り込む姿をただ遠くから見て祈るだけだった。その間にも実行犯たちは池袋に現れていた。なぜ逮捕しないのか。私は冷え込んだアスファルトにへたり込んだ。何かがおかしい……。

撮影から二週間が過ぎた十二月十九日、ようやく実行犯の身柄が捕捉された。そして小松の兄など、共犯者三人も逮捕されたのである。

二十一日には、逮捕前の写真を掲載した『FOCUS』が読者の手に渡っていった。写真は文句無しのスクープだったろう。けれどすでに私が警察に提供した情報は、記者クラブを経て雑誌発売前に発表されて記事になっていた。新聞やテレビと週刊誌は、速度では勝負にならないからこうなることは想定済みだった。けれど私にとってはそれが唯一の、そして最善の決断だったのだ。

年は暮れ、二十世紀も最後の年を迎えたが、事件が「解決した」とは言えなかった。実行犯は逮捕されたものの、「おまえは二〇〇〇年は迎えられない」と詩織さんを脅した、主犯の小松本人は姿を消したままだったからだ。

編集部に寄せられた情報では、小松は北海道の札幌近郊に身を隠し、根室経由でロシアへの逃亡を計画しているという。私も北海道に渡って取材を続けていたが、小松に会うことはついに叶わなかった。一月二十七日、小松は道東にある屈斜路湖で自殺体となって発見された。「被疑者死亡」という、刑事捜査としては最悪の結末を迎えてしまったのである。

警察が嘘をついた

実行犯逮捕の少し前のことだった。

私は、詩織さんの両親に直接会って取材することができた。無意味な報道被害を起こさぬよう、私は詩織さんの自宅を張り込むような取材はしていなかった。しかし事件は水面下で大きく動き出そうとしている。私は、初めて取材を申し込んだ。家の周辺には報道陣の黒塗りのハイヤーが並んでいた。インターフォン越しに初めて詩織さんの母親と会話を交わし、ポストに名刺を入れさせてもらった。当然、返事をもらえる可能性は少ないだろうと覚悟していた。

ところが意外なことにその夜、詩織さんの父親から電話をもらったのだ。しかも会ってくれるという。それまでいっさいの取材を受けていなかった遺族が、なぜ私と会うことを許可したのか。後になってわかることだが、島田さんをはじめとした詩織さんの友人たちの後押しがあったからだという。それまでの私が書いた記事を読み、詩織さんの両親に「信頼できる記者の人がいる」と推してくれていたのだ。

数日後、私は詩織さんの家を訪ねた。堂々と家に入っていく私を訝る他社の記者やカメラマンたちの視線を背に受けて玄関に入る。

そこは花の香りに包まれていた。

和室には祭壇が祀られ、多くの花が詩織さんの遺影を囲んでいた。

長い髪の綺麗な人だった。

私は線香を立て、手を合わせる。

ご両親は私を温かく迎えてくれたが、話は想像以上に凄絶なものだった。

父親は訴えるように話す。

「事件があった時、私は会社にいました。妻からの電話で知らされて……、ショックなんてもんじゃありませんでした。その時にすぐ、あいつしかいないと思いましたよ。詩織は八ヶ月、私たちは五ヶ月以上も小松と戦ってきたんです。毎日が戦いだったんです。詩織は小松の名前は最初からはっきりしていたんです」

六月に乗り込んできた三人の男たちのこと。ビラや送りつけられた大量の手紙……。

詩織さんの「遺言」は正確だった。

「詩織はいつも怯えて暮らしていました。無言電話はしょっちゅうでした。我々が出るとすぐに切れるんです。だからこそ警察に相談に行ったのに、事件にならないと言われて詩織は落胆してました」

驚いたのはそれからだった。私が何気なく口にした言葉がきっかけだった。

「そういえばニセ刑事まで来たそうですね。告訴を取り下げてくれとかって……」

ところが、両親の返事はこうだった。

「いいえ、それを言ったのは本当の刑事さんです。私たちの告訴の調書を取った人です」

脳がフリーズした。

言葉が意味するところが、すぐには理解できなかったのだ。ならば、〈そんな刑事はウチにはいません。そんなことを言うはずもありません〉〈ニセモノですよ。おそらく芝居を打って告訴を取り下げようとしたのでしょう〉という、上尾署のあの説明はいったい何だったのか。

警察が嘘をついた――。

「助けてください」と訴えていた女子大生からの刑事告訴を受理したものの、ほとんど捜査もせずに放置。そのうえ「告訴取り下げ要請」までしていた。そんな状況で告訴人が本当に殺されてしまう。

大変な落ち度だ。

そこにタイミング悪く「告訴取り下げ要請」の話を聞きつけた記者がやってくる。事の真相が明らかになれば、大変なことになる。そう怯えて、都合の良い話をでっち上げて騙したということか。なのに私は「ニセ刑事の仕業」と信じてそれを記事にしてしまった。『FOCUS』の記事が出た後、上尾署へ確認に行った記者たちもいたようだが、そこでも上尾署幹部は同じように説明したという。

屈辱だった。

以後、私はこの事件に隠されている本質的な問題、つまり殺人事件以前の問題を報じ続けた。「このままでは殺される」と訴え、告訴したにもかかわらず、上尾署はなぜ動かなかったのか。これでは被害者を見殺しにしたのも同然だ。

改竄

二〇〇〇年の三月上旬のことだった。

〈……それに対して刑事はこう言い放った、といいます。そんなにプレゼントもらって。別れたいと言えば普通怒るよ、男は〉

編集部で新聞をめくっていた私の背にそんな声が届いた。何だ？　一瞬、頭が混乱した。それは、詩織さんが上尾署で刑事に投げられた言葉ではないか。

〈あなたも良い思いしたんじゃないの。男と女の問題だし、立ち入れないんだよね〉

振り返ると、テレビで国会予算委員会の様子が中継されていた。民主党の女性議員が『FOCUS』の記事を読み上げていたのだ。週刊誌の記事が議場内に響き、天下のNHKを経由して全国に流れていたのである。私の問題提起をこの議員は正面から受け止め、国会という場で追及してくれていた。議員は長く記事を引用した後で「告訴取り下げ要請」について質問した。

「そういう事実はありますか？」

　答弁席に呼ばれた警察庁刑事局長が口を開く。

「事実はないが、誤解を生ずる発言はあった」

　事実はない……。恐らくそれは答弁に向けて準備された埼玉県警の回答だろう。

　国会でもそう答えるのか。私はこの答弁も記事化することにした。

「『告訴取り下げ騒動』で警察がついた嘘の山——疑惑はついに国会へ」

　そして散々逃げ続けた埼玉県警も、ついには内部調査を余儀なくされるのである。

　四月六日、県警調査チームはその結果を公表した。調査によって発覚したのは、予想外、いや予想以上の事実だった。

　告訴状は改竄されていたのである。

「告訴を取り下げて欲しい」と、刑事が猪野家に来た時には、すでに当の刑事の手によって「告訴状」が「被害届」に勝手に書き換えられていたのだ。調書にある「告訴」の文字は二本線で消され、「届出」と書き直されていたというのだ。

　あれほど「そんな事実はない」と言い続け、国会ですら否定したというのに、実際は

「要請」どころではなく、自分たちで勝手に告訴を取り下げてしまっていたのである。警察は嘘を重ねたあげく、最悪の形で全てを翻したのだ。

なぜ刑事は改竄などしたのだろうか。

「告訴状」を受理したとなると、「被害届」と違って捜査や報告義務が必須となる。それが面倒なため、改竄したのだ。上尾署は、告訴の受理件数を減らしたかったという。未解決事件の累積は署の成績に影響する。上尾署の刑事二課長は「捜査を指揮する自分の能力に不安を感じていた。なるべく事件を背負いたくなかった」と取調べで語ったという。詩織さんが何度訴えても、積極的に捜査をしなかった理由もまた同じであろう。これを怠慢と言わずして何と言えよう。

結局、改竄に関わった警察官三人は懲戒免職となり、虚偽公文書作成などの容疑で刑事責任も問われることになった。また、県警本部長を含む十二人が処分を受けるという前代未聞の事態となった。

県警本部長は記者会見で深く頭を下げた。

「名誉毀損の捜査がまっとうされていれば、このような結果が避けられた可能性もある」

この発言以降、メディアの矛先は急転回した。

それまで都合の良い警察情報を垂れ流してきたメディアが、突然県警叩きに躍起となった。警察自らが頭を下げ、非を認めたことで、安心して報道できるようになったのだろう。その急変ぶりには開いた口が塞がらなかった。

情報は簡単に歪む

そもそも、事件当初の報道はいったい何だったのか。

〈被害者は風俗嬢〉

〈ブランド依存だった〉

〈水商売していたんでしょ。そんなお店にいたなら彼女も悪い〉

同じ事件を追いかけながら、なぜこうも私の記事の方向性と百八十度違うものになったのだろうか。私の記事と彼らの記事を大きく隔てたものは何か。

答えはシンプルだ。

彼らの「ネタ元」がほぼ警察のみだった、ということに尽きる。「ネタ元」が、詩織さんの告訴を放置し、改竄していた利害当事者の上尾署であったことがすべてなのだ。

事件発生当日には、警察による記者会見も行われた。後になって私はそのVTRを見たのだが、その中で詩織さんの「告訴状」について尋ねた記者がいた。すると捜査幹部は、告訴状のことをはっきりと「被害届を出した」と説明しているではないか。つまり、この段階で改竄を知っていた可能性が高いのだ。

一方、被害者の服装について「黒いミニスカート」「バッグはプラダ、時計はグッチ」などと詳細に発表。この情報によって詩織さんは「ブランド好きな女子大生」としてイメージが形づくられていく。捜査幹部のところに「夜回り」に来る記者たちには、事件とは全く無関係な被害者のプライベート情報が流された。

「被害者は水商売のアルバイトをしていた」

「あれは風俗嬢のB級事件だよ」

それに追い討ちをかけるように、犯人の小松の素性を「性風俗店の経営者なんだよ」と耳打ちしていたのだ。

「さあ、この情報でみなさん何を書きますか？」と言わんばかりの対応ではないか。

そして思惑通りに多くの記者が、二つの情報を合体させて誤った。

その結果、「性風俗店の店長と付き合って殺された、ブランド好きの風俗嬢女子大生」

という歪んだイメージが出来上がったのだ。あたかも、被害者の落ち度で事件が誘発されたかのような報道によって、詩織さんは亡くなってなお貶められた。これでは、ストーカーたちがばら撒いた誹謗中傷のあのビラと何も変わらない。

言わずもがなだが、当然事実は異なる。

すでに触れたが、詩織さんは最後まで嘘をつかれて、男の本名も、本当の仕事も知らなかった。後に私は遺品も確認させてもらったが、持っていた「ブランド品」はごく普通の女性が持っているようなもので、自分でこつこつお金を貯めて買ったものだ。「風俗嬢」の根拠は何か。詩織さんが友人に頼まれ、お酒を出す店で短期間アルバイトしたことだろうか。それも自分には合わない、とすぐに辞めてしまったので、彼女は給料さえ受け取っていないという。警察からすれば、風営法の及ぶ店で働けば「風俗嬢」というわけか。

そもそもだ、市民がどこで何をしていようが、殺される理由になどなるだろうか。これを警察によるイメージ操作と言わずして、何と言えばいいのだろうか。それも命を奪われた被害者のイメージを操作したのである。

公的機関が発する情報のすべてが正しいわけではない。

その発信源に具合が悪いことが生じた時は、このように都合良く変質する。「殺人事件の取材ソース」と信じて記者たちが取材していた上尾署は、実は県警本部長が認めたように、殺人事件に至る関係者でもあったのだ。

このことをどう考えればいいのか。

もちろん事件・事故取材で、警察や公的機関を取材するのが肝心なのは確かだろう。そこから発せられる声は大きな影響を及ぼす。それに比べて、亡くなった人の声など限りなく「小さな声」だ。私も警察の「大きな声」だけを聞いていたら、恐らく他社と同じ奈落に落ちただろう。

今、思う。

もし、詩織さんが、二人の友人に事実を詳しく伝えていなかったら。「メモしておいて」と頼まなかったら。そして、彼らが泣きながら詩織さんの「遺言」を私に伝えてくれなかったら、と──。

第三章　調査報道というスタイル

調査報道と発表報道

調査報道の例として「桶川ストーカー殺人事件」を振り返ったが、私自身、取材中にこれが調査報道であるなどと意識したことはなかった。一連の記事がそのように呼ばれるようになったのは、関連の報道が一段落した二〇〇二年以降のことである。

この年三月、「個人情報保護法関連五法」が国会に提出された。その法案がメディアの取材の自由を脅かすものではないかと疑問視され、さまざまな議論を呼んだ。そうした中で、近年の調査報道の成功例として、新聞やテレビなどで紹介されるようになったのだ。『現代ジャーナリズム事典』（三省堂、二〇一四年）などでも、「桶川ストーカー殺人事件」が独立した項目として取り上げられている。

同事典では、「調査報道」を以下のように説明する。

〈当局者による「発表」に依拠することなく、独自の問題意識をもって、隠れている・隠されている事象を掘り起こし、報道すること。特に権力の不正や不作為などを対象とし、その時に取材・報道しなければ、歴史の波間に埋もれてしまう事実を掘り起こす報道を指す。「発表報道」に対置される概念であって、調査報道こそがジャーナリズムの本務であるとの考えもある〉

ここで「調査報道」に対して、「発表報道」という言葉が使われていることに注目したい。

「発表報道」とは、官庁や企業、各種団体、個人などが、記者会見やプレスリリースなどを通して情報を提供、それを受けたメディアが、その内容をほぼそのままの形で報じるものを指す。

「官房長官は……」「厚労省の統計によると……」などというスタイルのニュースは、みなさんにもおなじみのものだろう。

政治や災害情報、景気の動向、原発のトラブル、交通情報など、国民の「知る権利」に関わる大事な基本情報も多い。また「新型携帯電話売れ行き好調」「銀座に大型デパート開店」など、発表側の「ＰＲ」に近いものもある。

一方、発表者にとって喜ばしい内容のものばかりではない。不祥事の謝罪や釈明会見、「欠陥製品の回収のお願い」、有名人の離婚会見といった、追い詰められ退路を塞がれて、仕方なく「発表」する場合もある。

このように内容はさまざまだが、新聞やテレビニュースなどの大半が、これら発表された内容をニュース・ソースにして出稿しているというのが現実だ。実際、私が所属するテレビ局でも、記者の大半が担当（官公庁、政党、警察、企業など）を持ち、記者クラブを通してニュースをカバーしている。

それに対して、記者が自ら調べて判断していくのが「調査報道」ということになる。発表されていないものを掘り起こす――それが調査報道の第一の条件なのだ。

大統領まで辞任させる調査報道

有名な調査報道の例をいくつかあげてみよう。

世界的に有名なのが、アメリカの大統領のクビを飛ばしたとされる、一九七二年のウォーターゲート事件にまつわる報道だろう。

大統領選の最中のことだ。当時野党の民主党本部が置かれていた「ウォーターゲート・ビル」に盗聴器を仕掛けようとし、逮捕された人物がいた。調べていくと、ニクソン大統領の関係者だったことが発覚。しかし、ホワイトハウスが易々と盗聴の事実を認めるはずもなく、同年十一月に行われた大統領選ではニクソンが圧勝し、再選を果たす。ところが、独自の取材を続けていたボブ・ウッドワード記者とカール・バーンスタイン記者が所属する「ワシントン・ポスト」が、ホワイトハウスが盗聴に関わっていたことを明らかにした。その後、捜査妨害や揉み消しにホワイトハウスが躍起になっていたことも判明し、ついに任期中にもかかわらずニクソン大統領が辞任に追い込まれた。

日本の例としては、ジャーナリストの立花隆氏による「田中角栄研究」が挙げられる。当時総理だった田中角栄の金脈問題を報じ、首相退陣のきっかけとなった。また、政治家や官僚などに未公開株を譲渡したことが発覚、戦後最大の贈収賄事件ともいわれる「リクルート事件」も、朝日新聞の独自取材から始まった。二〇〇三年に発覚した、北海道警察の裏金問題を追及したのは、地元紙の北海道新聞だ。いずれも想像を絶するような手間と時間がかかった報道である。

これらの調査報道が難しいのは、報じられる側がそれを望んでいないことだ。さらに相手は強大な権力を持っている。中途半端な報道では、否定され、場合によっては訴えられたりと、返り討ちに遭うのが関の山である。

徹底的に取材し、事実関係を積み重ねて報じる。それによって相手の言い訳を封じ込めるばかりでなく、どこかのタイミングで報じた内容を相手に認めさせなければならない——と言うのは簡単だが、実行するにはとてつもない困難が付きまとう。極めて厄介で、まるで捜査当局のような調査技術と責任がたかだか一つの会社、時には一人の記者に求められるのだ。

当然ながらこの場合は、発表報道の常套句「○○によれば……」が使えない。記事・ニュースの叙述スタイルは、あくまで「○○新聞・△△テレビの取材でわかった」ということになる。

スタイルといえば本書もそうだが、私がノンフィクションを書こうとすると、なぜか主語が「私」という一人称になってしまう。三人称の方が客観的であると一般には言われるので、そのような文体で試してみたこともあるのだが、どうもうまくいかないのだ。私は単に主語を「私」にして、自慢話や手柄話をしたいだけなのだろうか。

そうではない。

独自の取材で判明した事実を述べようとする場合、主語は「私」にならざるを得ない。

それまで発表されてこなかった事実をつかんだ時、その信憑性を担保できるのは自分しかいないからだ。そしてそれを世に出すためには、可能な限りの根拠を提示していく必要がある。

いつ・どこで・誰から聞いた情報か――。

取材をしているのは私であるから、結果、主語は「私」とならざるを得ない。言い換えればそれは「報じる内容の責任はすべて私にある」ということになる。主語が「私」のスタイルというのは「全責任負荷型」という恐ろしい代物なのである。

その負荷が、私の両肩に過去最高の力でのしかかった事例を次章で取り上げる。

第四章　おかしいものは、おかしい——冤罪・足利事件

これから紹介する「足利事件」は、「警察が逮捕した人物は、はたして真犯人なのか」という疑問からスタートした、いわゆる「冤罪」の可能性を追及した報道だ。

当然だが、冤罪を警察や検察といった捜査機関が自ら調べ、発表するわけもない。つまり自分で一から事件を取材し、調べ直さなくてはならない。しかも逮捕された男性は最高裁判所への上告が棄却され、無期懲役刑が確定して服役中だった。つまり、この報道は結果的に我が国の司法の最高機関に対して物言いをする、ということになってしまったのである。

〝点〟から〝線〟へ

取材スタートは二〇〇七年夏のことだった。週刊誌『ＦＯＣＵＳ』休刊を受けて、私

が日本テレビに移籍してから六年が経っていた。

端緒は、群馬県の太田市で起きた「横山ゆかりちゃん事件」だ。

一九九六年七月、四歳になるゆかりちゃんが、両親と一緒に出かけたパチンコ店から姿を消してしまい、行方不明になっている事件だった。

店内の防犯ビデオには、不審な男の姿が記録されていた。

サングラスに野球帽、真夏だというのに長袖のジャンパーにダブダブのズボンという異様な出で立ち。男はパチンコ台に関心を示さず、タバコをふかしながら、店内で遊んでいたゆかりちゃんを追うような動きを見せる。そして、長椅子に座っていたゆかりちゃんの隣に並ぶと、親しげに話をする。直後に二人とも店を出て、それっきりゆかりちゃんは姿を消してしまったのだ。

サングラスの男は、群馬県警から誘拐事件の重要参考人として手配される。防犯ビデオの映像はテレビで流され、ポスターにもなって全国に配布された。しかし現在もゆかりちゃんの行方はわからず、男が誰であるか特定もできていない。

報道特番で「未解決事件」を担当することになった私は、週刊誌記者時代に一度取材し、どこか引っかかっていたこの事件を再度取材してみようと考えたのだ。

ところが、調べ始めるとすぐに意外な事実に突き当たった。

太田市に隣接する栃木県足利市で、同じ四歳の少女がパチンコ店から誘拐され、殺害されていたのだ。

それだけではなかった。七九年〜九六年にかけて、群馬と栃木の県境を挟んだ半径十キロメートル圏内で、幼女が犠牲となる事件が合計で五件発生し、四件で少女が殺害されていたのである。

1. 七九年　栃木県足利市　福島万弥ちゃん　五歳　殺害
2. 八四年　栃木県足利市　長谷部有美ちゃん　五歳　殺害
3. 八七年　群馬県尾島町（現太田市）　大沢朋子ちゃん　八歳　殺害
4. 九〇年　栃木県足利市　松田真実ちゃん　四歳　殺害（＊足利事件）
5. 九六年　群馬県太田市　横山ゆかりちゃん　四歳　行方不明

事件は三年から六年というスパンで、まるで栃木―群馬県境をジグザグに縫うように発生していた。十七年間に五件もの幼女誘拐・殺害事件がごく狭いエリアで起きていた

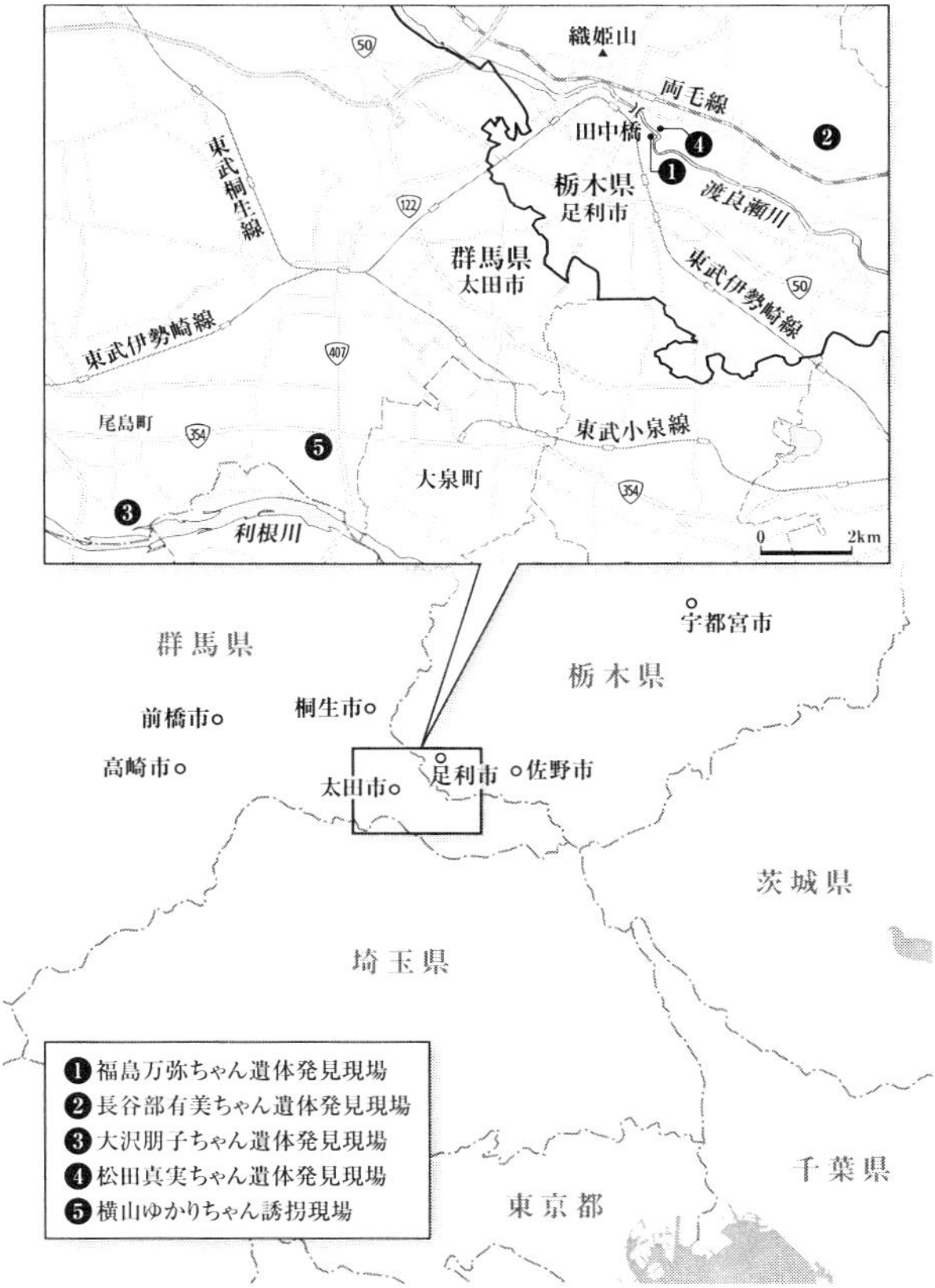

北関東連続幼女誘拐殺人事件の現場

ことになる。長く事件取材に当たってきたが、こんなケースは他に見たことがない。

事件の「共通項」を並べてみた。

・幼女を狙った犯罪である
・三件の誘拐現場はパチンコ店
・三件の遺体発見現場は河川敷のアシの中
・事件のほとんどは、週末などの休日に発生
・どの現場でも、泣く子供の姿などは目撃されていない

そもそもパチンコ店で幼女が誘拐され、殺害される事件とは、そんなにも多いものなのだろうか。同じ年代を基準にして全国に広げて調べてみたが、他にはほとんど見つからなかった。被害者の共通性、手口の類似、現場の状況などを分析した結果、私はこれを「同一犯による連続事件」ではないかと考えたのである。

つまり私に言わせれば、「北関東連続幼女誘拐殺人事件」――ということだ。

だが、この段階でこれはただの「仮説」に過ぎず、よもやそのまま報じるわけにはい

かない。何よりこの連続事件説、実は致命的な欠陥を抱えていたのである。五件の事件のうち四件目にあたる事件だけは〝解決〟していたからだ。つまりすでに犯人が逮捕されているのだ。これにより事件の連続性はプツリと断たれてしまう。

その〝解決〟していた事件こそが、「足利事件」と呼ばれるものだった。

逮捕

「足利事件」の経緯を振り返ってみよう。

一九九〇年五月、足利市のパチンコ店から四歳になる松田真実ちゃんが姿を消してしまう。十八時半頃には、パチンコ店の駐車場で一人で遊ぶ姿が目撃されていた。両親は懸命に行方を探すが見つからず、栃木県警足利署に救いを求めた。

翌朝、パチンコ店の裏手を流れる渡良瀬《わたらせ》川の河川敷で、真実ちゃんは変わり果てた姿となって発見される。衣服を脱がされ、中洲のアシの中に放置されていたのである。

犯人は現場から逃走していた。

遺体から見つかった唾液から犯人の血液型はB型と判明。川の中に捨てられていた幼女のシャツには犯人のものとされる精液が付着していた。

足利署は、七九年、八四年の二つの幼女殺害事件を未解決のまま抱えていた。その警察署に三件目の捜査本部が設置されるという異常事態となった。この時点では同一犯の可能性が高いと考えられた。

警察が描いた事件の犯人像は、「市内在住、血液型B型の男、ロリコン」というものだ。ローラー捜査で、市内に住むB型の男性が調べられたが捜査は進展しない。市民の不安は膨れ上がり、警察への風当たりは強くなる一方だった。

事件発生から一年半経った九一年十二月、「足利事件」の犯人として突然一人の男性が逮捕される。元幼稚園バスの運転手だった菅家《すがや》利和《としかず》さん（当時45）だ。

菅家さんが捜査線に浮上したきっかけは、一人暮らしをしていた彼のもとに、駐在の巡査部長が訪ねたことだった。「週末だけ借家に通ってくる怪しい男がいる」。そんな情報を聞きつけたという。菅家さんは求めに応じ警察官を部屋に入れた。巡査部長はテレビやビデオデッキなどと一緒に置かれていたアダルトビデオに目をつける。

菅家さんの血液型はB型。穿った見方だが、幼稚園バスの運転手という仕事も「怪しかった」という。以後、刑事たちは菅家さんを尾行。別件逮捕の機会を狙っていたが、菅家さんは前科・前歴もなく、少女にもなんら反応を見せなかったという。

そんなある日、刑事は菅家さんが捨てたゴミを密かに回収。中にあったティッシュが科学警察研究所（科警研）にわたり、「DNA型鑑定」が行われたのである。

その結果、現場で発見された犯人の精液のDNA型と、菅家さんの型が一致する。

任意同行された菅家さんは取り調べで犯行を自供。「殺人、わいせつ誘拐」などの罪で逮捕、起訴された。

菅家さんに目星を付けた駐在の警察官たちは、警察庁長官賞などを受賞。一気に「連続事件」の解決を目指す県警は、七九年、八四年の事件も菅家さんの犯行と断定。三件の連続事件を解決したと記者会見で発表した。

「十二年間続いた、足利の地域社会の不安解消ができ、本当に良かった。三件目でやっと検挙になったのは、警察の執念でしかない」と、刑事部長は胸を張った——。

深まる謎

ここまでが逮捕当時の経緯だ。だがその後、解決したはずの三件の事件は不思議な展開を迎えていた。「連続幼女殺害事件を解決」と警察が発表したのにもかかわらず、裁判になったのは松田真実ちゃんの事件一件のみ。他の二件は嫌疑不十分で不起訴となっていたのである。

そして菅家さん逮捕から五年後、「横山ゆかりちゃん事件」が発生するのだ。

「足利事件」の現場となったパチンコ店と「横山ゆかりちゃん事件」が起きたパチンコ店は、直線で十一キロという距離である。当然ながら「横山ゆかりちゃん事件」は菅家さんの仕業ではない。発生時の九六年、菅家さんは拘置所の中だからだ。こんなにも完璧なアリバイもあるまい。

本当に「足利事件」だけは菅家さんが犯人なのか。

これだけ類似点の多い事件で、警察も同一犯視していたのにおかしくないか。

無期懲役が確定し、千葉刑務所に収監されていた菅家さんは、冤罪を訴えて再審請求をしていた。もともと冤罪には全く興味がない私だが、一応調べるだけは調べてみることにした。

まずは「自供とDNA型鑑定」という有罪の決め手となった二つの証拠を検討しなければならない。本来ならば証拠としては鉄壁のものである。

実際、私が目にした供述調書にはこう書いてあった。

〈私は去年の五月十二日、真実ちゃんを殺したことは間違いありません〉

当時捜査に当たった栃木県警の元捜査幹部を探し出し、取材を試みた。誰もが三件とも同じ犯人と思ったという。

「菅家はさあ、逮捕する前からホシに間違いないと思ったね。誰もが三件とも同じ犯人と思ったたんじゃない？」

別の元捜査幹部には冤罪の可能性についても聞いた。

「犯人は、彼以外には考えられないですか」

彼は、顔の前でブンブンと手を振って答えた。

「いないいない。そうじゃなきゃ捜査にならない。送った（註　送検すること）んだからさ、責任を持ってさ。逮捕して、その人の人権を侵害するような事をやるんだから。警察官として納得いく証拠を集めて、刑事訴訟の手続き適応と思ってやってたわけだから、絶対だな」

では、なぜ他の二件は不起訴になったのかと尋ねれば、表情を曇らせて言った。

「警察的には事件は全面解決したと考えています。ただ証拠がね。あまりにも昔だし、有罪にするのは難しかった」

今でも三件の事件の全てが菅家さんの犯行と信じているかと問えば、両目をカッと見開き、大きな声で「そりゃあ、もちろんですよ」と自信満々に答えた。

自供とＤＮＡ型鑑定

当然本人の言い分も聞かねばならない。

私は、菅家さんが収監されている千葉刑務所に出向いた。面会の受付をしてから赤い煉瓦塀をくぐり、面会所で菅家さんを待った。ところが、私の面会は認められなかったのである。制服で仁王立ちする刑務官が言うには、法務省のお達しで、親族もしくは過去に交流があった人しか認めないというのだ。冤罪の取材が、いかに困難なものかを示す一例である。

仕方なく文通での取材が始まった。

〈私は無実です。殺してなどいないのです〉

〈刑事は絶対に許せないです。朝寝ていると自宅に踏み込まれ、怒鳴られ、肘鉄砲をくらいました。会ったことのない真実ちゃんの写真を見せられ、謝れと、どつかれ……〉

ボールペンで懸命に書かれた文字。便箋の角には刑務所の検閲済みハンコが押してあった。そんな手紙のやりとりで、当時の状況が次第に明らかになってくる。

菅家さんからすれば、彼と事件の関わりは、事件発生から一年半後の逮捕の朝だった。

始まりは突然の怒鳴り声からだ。

「菅家いるか、警察だ！」

同時にガラスを叩く音が響く。玄関を開けると雪崩れ込んで来たのは捜査一課の刑事三人。菅家さんはまだパジャマ姿だった。刑事はこたつをどけると、そこに座れと言った。

「菅家、おまえ子供を殺したな」と刑事はいきなり怒鳴った。「何も知りません」と言ったが、そのまま足利署に任意同行され、ポリグラフにかけられた。「やっぱりお前、犯人だ」と決め付けられ、激しい取り調べが続いたという。否認を続けたが、「今は科学捜査の時代だ」と、耳元で怒鳴られたという。机の下で足の脛を蹴飛ばされ、髪の毛を後ろに引っ張られ顔を上げられた。十時間以上も続く厳しい追及。

疲れ果てた菅家さんは、苦し紛れに「パチンコ店には行ったかもしれません……」と一言漏らしてしまう。待ち望んだ「正解」に刑事は喜んで話を聞くようになる。以後、取り調べは戻ることが許されない一方通行路を突き進む。

〝真実〟を話せば怒鳴られ、〝嘘〟をつけば優しくされた。

そしてついに「殺したことに間違いはありません」と、自供に追い込まれたという。

〈この人たちには何を言ってもだめだと思いました。でも裁判官ならわかってくれると信じたんです〉

菅家さんは、利害関係が無いはずの裁判官の良識を信じたのである。

翌年、宇都宮地裁で裁判が始まる。傍聴席にいた刑事を恐れ、初公判でも犯行を認めてしまった菅家さんだったが、六回目の公判で「否認」に転じる。

〈暴力を振るった刑事たちが怖かったんですが、その日もう刑事が法廷にいないことがわかったんです〉

〝真実〟を訴えようと思った理由は他にもあった。菅家さんの無実を信じていた足利市の主婦・西巻糸子さんの存在だ。面会に来た西巻さんに「やっていないなら、ちゃんと言わないと」と諭されたという。

とはいえ、一度取られた自供調書は簡単に翻らない。目の前の本人の言葉より、書類を重視するのが裁判所というものらしい。そして唯一の物証ＤＮＡ型鑑定もまた、すさまじい威力をもって菅家さんを殺人犯に仕立てあげていった。

当時の科警研のＤＮＡ型鑑定は「ＭＣＴ１１８法」という方法で行われた。それによると、犯人と菅家さんのＤＮＡ型と血液型Ｂ型の二つが一致する可能性は、一〇〇〇人に一・二人の確率だという。

逮捕当時の新聞には、〈DNA鑑定切り札に〉〈〝ミクロの捜査〟1年半〉〈「指紋」なみ捜査革命〉といった見出しが躍った。鑑定にあたった科警研の技官たちは、新聞やテレビに登場しては「お手柄インタビュー」に応じていた。

菅家さんが信じていた裁判官も、宇都宮地裁では求刑どおりに無期懲役判決を下す。DNA型鑑定を高く評価したのである。

〈専門的な知識と技術及び経験を持った者によって、適切な方法によりDNA鑑定が行われた〉。そして、〈自己の本能のおもむくままに、抵抗する力さえ備わっていない幼女を殺害し、裸にしてわいせつ行為を行った上、草むらに遺棄した被告人の行為は、人として最も恥ずべきもの〉と菅家さんを厳しく断罪した。

二審からは、DNA型鑑定に詳しい佐藤博史弁護士が弁護を担当する。弁護団も結成された。また、フリーライターの小林篤氏などは一審判決や捜査に疑問を投げかける記事を雑誌に執筆、DNA型鑑定にも疑問を投げかけていた。

だが、東京高裁もDNA型鑑定を評価して棄却。二〇〇〇年には最高裁も上告を棄却して無期懲役刑が確定。これにより「MCT118法」は最高裁のお墨付きとなり、以後「絶対」のものとなる。

実験

再審請求中の菅家さんだが、死刑または無期といった判決が下された重大事件で、再審が開かれたケースは戦後数例しかない。特にこの事件の証拠はＤＮＡ型鑑定である。これを覆すことは至難の業だ。

報道でどうにかなるものなのか——。

誰も何も〝発表〟してくれない調査報道では、自身がどう動くかも自分で決めるしかない。私は、まず菅家さんの「自供」の信憑性を検証することから始めることにした。

有罪認定された自供の概要とはこんなものだった。

事件が起きた日はパチンコ店で十九時頃まで遊んでいた。両替をするために外に出たところ、駐車場の片隅で遊んでいる女の子を見かけた。「自転車に乗るかい」と声をかけると「うん」というような返事をしたので、自転車後部の荷台に真実ちゃんを乗せた。

二人乗りで渡良瀬川の土手へ向かう坂道を登り、今度は河川敷へ降りて行った。道の突き当りに自転車を止めて、少女の手を引いて茂みの中を歩いて川の流れの方へ向かった。そこでいたずらをしたくなり、声を出されないように首を絞めて殺害した。

その後、遺体をアシの茂みの中に隠して自転車で逃走。土手に戻って、渡良瀬川に架る橋を渡り、借家に向かう途中のスーパーで夕食の「おにぎり、メンチカツ、缶コーヒー」を買ってから借家に戻った。


自供調書を読んでも、スーパーの買い物メニュー以外は具体性に乏しい。

私はこの自供に基づいて、ある「実験」を試みることにした。

菅家さんが犯行に使ったとされる自転車。それは判決確定後に検察から返却され、支援者の西巻さんが保管していた。小径タイヤに二灯式ライトの青い車体。今や錆びつきパンクしたこの自転車を走れるように整備した。これを使って「自供」をトレースしてみるのだ。

ただし問題があった。事件発生からすでに十七年が経ち、広大な河川敷はすでに様相を変え、遺体の発見場所すらわからない。そこで、法廷に提出された実況見分書を基に、高精度のデジタル測量機を使って遺体遺棄現場をなんとか特定した。その場所に木の杭を打ち込んで、夜間でもわかるように赤く明滅するライトを貼り付けておく。

自転車に乗るのは、取材スタッフの杉本純子。彼女は偶然にも菅家さんと全く同じ身長と体重だった。荷台には、被害者の真実ちゃんと同じ十八キロのウエイトを積んだ。

そろそろ薄暗くなってきた十九時、ストップウオッチを押してパチンコ店の駐車場からスタートする。供述どおり河川敷の土手へと向かう。

すると、スタート早々に問題発覚。土手への上り坂で前輪がふわりと浮いてしまったのだ。杉本によれば、運転していてかなり怖い状態だという。ミニサイクルでこの重量バランスは無理があったのだ。実際にやってみなければわからないことである。ところが、菅家さんの供述調書の中では、この現象には全く触れられていないのだ。しかも妙なことに、土手を越えた先の下り坂では「ブレーキをかけた」などと証言している。これは誰しも運転していれば起こることなので、想像で言えてしまう。だが警察はこの証言を「秘密の暴露」（犯人しか知り得ぬ事実）としていた。

犯行日と同じ月齢下の夜に実験をしているのだが、遺体遺棄現場は真っ暗。足場も悪く歩くのがやっとの有り様で、何をするにも時間がかかる。さらに、買い物をしたスーパーは二十時に閉店するのである。菅家さんの自供は「十五分間ほど買い物をした」なので、十九時四十五分までに店に到着しなければならない……。

全行程を終え、ストップウオッチをチェックしてみた。

結果、全く不可能とまでは言い切れないものの、相当に厳しいスケジュールになることがわかった。幼女を誘拐して、前輪が浮き上がる自転車に乗せて運転。手にかけた後、今度は全速力で閉店間際のスーパーに駆け込み、夕食を物色する殺人犯——。

何やら違和感が拭えない。

菅家さんの自供で唯一具体性を感じる、「おにぎり、メンチカツ、缶コーヒー」という買い物リスト。ところが、スーパーが保管していた事件当日の「レシート控え」を全てチェックしても、その時間帯に同じ商品が販売された記録がない。これは、逮捕後に警察や弁護団も調べているのだが結果は同じ。弁護団は、同日の「十五時二分」に、リストとほぼ合致する買い物の記録があると指摘。菅家さんがそのスーパーで買い物をしたのは、自供した時刻の五時間前だったのではないかと、このことをもって無罪の証拠としたのだが、控訴審判決では〈供述はかなりあいまい〉〈当日の買物を特定することは、困難〉と、その価値を認めず、一蹴していた。

同じ自供でも、殺人の部分については都合よく採用し、買い物については〈かなりあいまい〉とするのは、ダブルスタンダードもいいところではないか。

浮上する〝影〟

では、犯人の〝条件〟である「ロリコン」はどうなのか。

逮捕後の新聞では〈ロリコン趣味の45歳〉〈〝週末の隠れ家〟借りる〉〈少女を扱ったアダルトビデオやポルノ雑誌があるといい〉（「読売新聞」一九九一年十二月二日）などと報じられている。当時の捜査幹部に聞けば、きっかけはやはり駐在の巡査部長だ。

「優秀な駐在がかぎつけたんです。すごかったですよ、隠れ家のような家の中が……ロリコンのビデオとかが、たくさん置いてあったんですよ」

菅家さんの部屋には、二百本以上のビデオテープがあった。『男はつらいよ』や『インディ・ジョーンズ』『座頭市』などの映画も混在するなかで、警察はアダルトビデオだけを押収していた。これらのビデオテープは、自転車同様にすでに返却されて倉庫に保管されていた。私は、積み上げられたダンボール箱を開封させてもらい、その全てを調べてみた。押収されたビデオテープは全部で百三十三本。

確かにそれはアダルトビデオだった。けれどいずれも一般の市販品であり、そのタイトルといえば、『巨乳ベスト10』『Eカップ伝説』『オッパイの逆襲』など、グラマーな女性が登場するものばかり。ビデオも雑誌もロリコンを示すものは皆無だった。

私は菅家さんがよく利用していたというレンタルビデオ店も探し出し、取材した。女性店長は、毎週金曜日に来店していた菅家さんのことをはっきりと覚えていた。

「アダルトは巨乳ものです。ロリコンものですか？　警察の方にも質問されましたが、一切ないです。あとはヤクザ映画ですね」

結局、捜査でも菅家さんがロリコンであるという証拠は、何一つ見つかっていなかったのである。

逮捕の少し前、菅家さんはバスの運転手をしていた幼稚園から解雇されていた。その理由について菅家さんは一切事情を知らなかったのだが、実情は菅家さんを犯人視した刑事が、幼稚園で聞き込みをしたからだ。園長は驚き、解雇を決めた。こうして菅家さんは無職となったのだが、逮捕時の警察発表は「四十五歳、無職の男を逮捕」となる。状況は〝事実〟でも、はたしてこれが〝真実〟と言えるのだろうか。

では、事件の目撃者はどうか。

事件当日、自転車に乗る菅家さんと幼女の姿を目撃した人は見つかっていない。それどころか、パチンコ店で菅家さんを見た人すらいないという。当時の捜査幹部にこの疑問をぶつけると、「菅家は背が小さくて、目立たないんだな」などと言っていた。

ところが取材を続けると、菅家さんとは別の男の〝影〟が浮上してきたのだ。

事件当日の十八時四十分頃、細身の男と幼女がパチンコ店裏の土手を越えるように、歩いて河川敷に降りてきたのが目撃されていたのである。

目撃者は、ゴルフの練習をしていた男性と、河川敷公園で子供を遊ばせていた主婦の二人。その目撃内容は、ほぼ一致していた。

ゴルフの練習をしていた男性、吉田さん（仮名）から話を聞いた。

「土手の方をふっと見たんだよ。そしたら女の子と手をつないで降りてくる男を見たんだよ」

それはどんな男だったのだろうか。

「ひょろりとした感じでね。そう、漫画のルパン三世、あれにそっくりだったんだよ。感じがね」

菅家さんの写真を見せると、「いやいや全然違うよ」と否定する。

もう一人の目撃者である主婦の取材は難航した。彼女はすでに足利市から引っ越していたのだ。あちこち探し続け、ようやく会うことができたのは、取材開始から一年ほど経った時だった。

松本さん（仮名）は当時、足利市で美術の先生をしていた。

その日、松本さんはブランコの側で、子供と四つ葉のクローバーを探していた。ふと視線を上げると、西日が差し込む芝生の上を、幼い少女と男が歩いていた。

「女の子が、男の人の前後をちょこちょことついて歩いていたんです。自然な形でね。散歩してるような雰囲気でした。その子供も、安心してる感じですね。信頼してついていっているような感じで歩いてました」

「男は白っぽい衣服を着ていたと思います。そんなに大柄ではなかったです。一直線に歩いて行く感じですね。川の方に向かって大股で、どんどん歩いてるんですよ。かなり大股でした」

女の子は、真実ちゃんの服装と同じ赤いスカート姿だった。

「おかっぱ頭で、赤いスカートが目立ってましたね。上はスカートよりもう少し薄い色でした……」

松本さんの娘はピンク色のスカートをはいていたため、なんとなく比較して色も記憶していたという。女性ならではの証言だろう。

松本さんのご主人も当時の事をよく覚えていた。

「妻は絵を教えていて、目で見た物を瞬間に記憶する力に優れているんです。事件の直後、ニュースを見ていて、女の子の写真が出たときに『あっ！　この子見た』って、言ったんですよ。だから、すぐに警察に連絡したんです」

当時、松本さんは一枚のスケッチ画を残していた。

鉛筆で描かれたモノトーンの絵だ。構図の左側には遠近感のパースがついた堤防。中央には広い芝の上を横切る大小二つの人の姿があった。二人は画面左から、右に向かって歩いている。大股で歩く男が「ルパン」で、それに寄り添うようなスカート姿の少女が描かれていた。

男と幼女が向かった右手が、遺体発見現場だ。

この二人こそ、犯人と被害者の真実ちゃんだったのではないのか。

実際に事件直後、警察はこの目撃者たちから調書を取り現場検証まで行っていた。ところがその後、この目撃談は煙のように消え去った。それは菅家さんが「自転車で誘拐した」と自供したからだ。以後、自供と合致しないこの目撃談は、警察にとって邪魔なものになった可能性が高い。

神話崩壊

ここまでの取材で、菅家さんの自供はあいまいな点が多く、真犯人は別にいるのではないかという印象を私は強く持った。とはいえ、DNA型鑑定という強固な「物証」が立ちはだかる。

取材当時、DNA型鑑定と言えば「絶対」のものだった。「一致している」と言われれば、その人物は犯人に違いないと考えられた程だ。ましてや科警研の鑑定に間違いなどあるはずがない――それは当然の見方であろう。

ところが、こちらも調べていくと、徐々に綻びのようなものが見え始めたのだ。

DNA型鑑定の専門家を取材していくと、事件当時の鑑定はまだ試運転のような状態であり、〝実戦〟で使えるようなレベルではなかったという。実は、九〇年代初頭のDNA鑑定は、血液型鑑定と同様に「型」の分類である。MCT118法の鑑定では三百二十五通りの型に分類していた。そのため本書ではこれを「ＤＮＡ型鑑定」と明記している。従来のＡＢＯ式血液型鑑定では四種類の分類だったから、飛躍的に増えたとも言えるのだが、所詮は型分類だから同型異人もいることになる。

「足利事件」の犯人のＤＮＡ型は「16・26」という型とされていた。

その型と血液型Ｂ型を併せ持つ者は、逮捕当時「一〇〇〇人に一・二人」とされたことは書いた。ところが次第にサンプル数が増え、九三年になるとこれが「一〇〇〇人に五・四人」と一致確率はダウン。当初の四倍強である。菅家さんの弁護団の試算によれば、同じ型は足利市内だけで二百人以上もいたはずだという。

科警研の実験方法についても、その後、重大な問題が浮上していた。九二年の「ＤＮＡ多型研究会」で信州大学の研究者がそれを発表している。

鑑定では「型」を読み取るため、実験装置で「塩基ラダーマーカー」と呼ばれる一種の「ものさし」を使っていた。それを基準に「型」とする数値を読み取るのだが、信州大学の実験で、このマーカーと使用された実験装置の組み合わせに問題があり、正確な測定ができないことがわかった。以後、科警研も「ものさし」を新しい別の物に変更していた。つまり、旧来のマーカーの欠陥を認めているのだ。

ところがそれまでに鑑定したＤＮＡ型は誤りとは認めなかった。鑑定結果に二〜三の数値を加えることで、置き換えられると強弁したのである。

例えば、14は「16」に、16は「18」、26は「30」といったように。犯人と菅家さんの型は「16－26」から「18－30」に変更されていたのである。

数値の変更——。

科学鑑定であるはずのＤＮＡ型鑑定の「絶対神話」が崩壊する前触れではないか。

獄中にいる菅家さんは、手紙に時々こう記していた。

〈もう一度ＤＮＡ鑑定をしてほしいです〉

そのとおり。再現性を誇るのが科学なのだから、再鑑定してみれば全てがはっきりするのだ。犯人と菅家さん二つのＤＮＡが同じものならば、最新のＤＮＡ型鑑定法によって完全一致するはずだ。

遺族の声

この事件を報じるにあたって、私にはどうしても会いたい人がいた。

松田真実ちゃんのご遺族である。

事件発生当時から、両親はマスコミの取材に応じていない。どこかで静かに暮らしているであろう遺族を巻き込むことには抵抗がある。だが、事件を正確に報じるためには必要な取材だった。「小さな声を聞け」というのが、私の取材ルールでもある。それは四歳で殺害された真実ちゃんの声であり、その代弁ができるのは両親しかいない。

やっと捜し当てた真実ちゃんの母、松田ひとみさんから電話をもらうことができた。しかしその反応は厳しいものだった。

〈迷惑ですので、二度と手紙も出さないでください。取材など受けるつもりはありません。それを伝えたくてご連絡しただけです……。今さら何ですか……〉

思い出したくもない記憶をなぜ掘り返さなくてはならないのか——。その気持ちは痛いほどわかる。かかってきた電話の番号表示は非通知だ。通話が終われば、そのままこの取材も終わりを迎えるかのように思えた。とにかく誠心誠意、言葉を継いでいくよりほかなかった。

事件被害者と報道記者。そこに大きな隔たりがあるのは当然だ。その距離をジリジリと少しでも縮めることが、そのときの私にできる唯一のことだった。私は、懸命に言葉を紡いでいった。

その願いが通じたのか、郊外にあるファミリーレストランの一角で、松田さんとの面会がかなった。

「今頃、私が話をしても、何も変わらないんじゃないですか？　犯人は、もう逮捕されたんでしょう。何で今、取材なんですか？」

「逮捕された菅家受刑者が、今、冤罪を訴えているんです」

「今さら……。私は、その男が、犯人と信じてますよ。そう信じて生きてきたんです」

激しいメディア・スクラムによって、裁判を傍聴することすらできなかったという。最愛の娘を亡くし、絶望のどん底にいた時、マスコミは自宅を包囲してライトとストロボで照らし続け、通夜や葬式を実況中継した。もちろん彼女からすれば、私もその一味に過ぎない。

「事件直後はカーテンを閉め切ってました。干した洗濯物は一ヶ月も二ヶ月もそのままで、取り込むこともできない……」。住む場所も職も、転々と変えてきたという。

新聞もニュースも見ないようにしていた松田さんは、捜査の詳細を知らなかった。

「……真実を連れて行ったんでしょ。刑事さんから、聞きましたよ」

「自転車に乗せて誘拐したという供述をしました」

荷台に乗せたと話すと、松田さんは怪訝な顔をした。

「そんなはずないですよ。真実は荷台になんか乗れません。無理ですよ。カゴがついた自転車じゃないと乗れません」

保育園の送り迎えも自転車だったが、幼児用のイスをつけなければ座ることはできなかったそうだ。これは母親でなければわからないことだろう。

「なんで、あの子だったんですかね……。運命なんでしょうけど。あの頃が、一番の天使ですよ。その天使を手にかけるというのは、人じゃない、と思うんですね。何の罪もないですもん……」

そう話す松田さんの表情はあまりにも寂しいものだった。

突破口

多くの人の協力を得て、ここまで取材を進めることができたが、まだ何も報じてはいなかった。

取材をすることと報じること。それは天と地ほども違う。

取材イコール報道ではないのだ。とにかくまずは徹底的に取材することが大前提だが、それを慎重に分析し、いつ、何をどこまで報じるかを決断しなければいけない。調査報道では特にそのことが大事になってくる。

取材開始から半年が経った二〇〇八年一月。

日本テレビの報道特番「ＡＣＴＩＯＮ　日本を動かすプロジェクト」で、キャンペーン報道は始まった。

冒頭は「北関東連続幼女誘拐殺人事件」の説明とその可能性、続いて足利事件だ。取材で判明した疑問を提示し、冤罪の可能性を報じた。ＶＴＲのナレーションは、通常のニュースではなかなかあり得ない、「もし〇〇ならば」である。

「もし菅家受刑者が無実であるならば、五つの事件は全て未解決ということになる」

「菅家受刑者はＤＮＡ再鑑定を望んでいる」

そして結びはこうだ。

「我々は、この五件の幼女誘拐殺人事件を徹底的に検証していく。同一犯による事件の可能性はないのか。犯人は今もどこかに潜んでいる」

以後、夕方のニュースや報道番組を縦断して、このキャンペーン報道が次々とオンエアされていくことになる。

この時点で、足利事件を扱うメディアなど皆無だった。

「あの報道は大丈夫なのか？」「最高裁確定判決に、間違いなどないだろう」という声も社内外から聞こえてくる。最高裁で確定した判決に、報道が物言いをするなどということは、滅多にないことなのだ。

心配は的中する。

放送開始の翌月のことだった。

「足利事件」の再審請求が棄却されたのだ。五年間も放置してきた菅家さんの請求を、よりによって報道開始直後に宇都宮地裁が棄却したのだ。「だから言わんこっちゃない……」という警察や同業他社の冷笑が聞こえてくるようだった。

私は途方に暮れた。

調査報道の場合、当局がそれを追認するとか、同業他社が同じ内容を後追いするなどの結果が見えなければ、「成功」したと認められない場合が多い。その理屈でいえば「冤罪の可能性を報じた直後に、裁判所が再審請求を棄却」など失敗もいいところだ。裁判官が「冤罪の可能性はない」、つまり「報道が間違っている」と判断したようなものだからだ。

根本的に私が間違っているのだろうか――。

いや、そうではない……。ここまでの取材で私は確信していた。たとえ最高裁確定判決でも、おかしいものはおかしいのだ。

ＤＮＡの再鑑定も行わないままでの「門前払い」は納得できない。

菅家さんは、東京高裁に対して再審の即時抗告をした。

突破口がＤＮＡ再鑑定の実施にあるのは明らかだが、先例主義の保守王国ニッポンでは、それはあまりに困難な夢のような話か。ならば一度目先を変えようと、海外のケースを取材してみることにした。そもそもＤＮＡ型鑑定の先進国はアメリカである。調べてみるとすぐに、アメリカではＤＮＡ型鑑定が、死刑囚や無期懲役囚が無罪であることの証明に使われていることもわかった。

そうなのだ。犯罪捜査におけるＤＮＡ型鑑定は、一致すれば「犯人の可能性が高い」のだが、不一致の場合は、「絶対に犯人にはなれない」という完璧な証明になるのだ。

アメリカには、有罪判決を受けた囚人が冤罪を訴えた場合、ＤＮＡ型鑑定を行うようにする運動があり、それは「イノセンス・プロジェクト（Innocence Project）」と呼ばれていた。その結果、すでに二百名以上もの受刑者の無罪が証明されているという。

こうしたアメリカの事例を紹介しながら、日本でも同様に再鑑定をすべきではないのかと、私は報じ続けた。

再鑑定

キャンペーン報道開始から十ヶ月後、ついに事態は動き始めた。

菅家さんが再審請求の即時抗告をした東京高等裁判所が、日本で初めてのDNA再鑑定の実施を決定したのだ。裁判長が欧米の法律システムに関心があったと後に聞いた。

二〇〇九年一月、ついにDNA再鑑定が始まる。

鑑定人は検察側が推薦する大阪医科大学の鈴木廣一教授と、弁護側が推薦する筑波大学法医学教室の本田克也教授の二名。これまで裁判所が保存していた犯人の精液がついたシャツと、千葉刑務所の菅家さんの血液などが鑑定人に渡された。それぞれが研究室に持ち帰り、コンピューターを使った最新のSTR法という技術で鑑定される。もしもその鑑定結果が「一致」ならば、菅家さんが犯人であることは確定する。

四月のある日、私のところにもたらされたのは、どちらの鑑定人の結果も「不一致」というものだった——。

これこそ完全無実の証明ではないか。菅家さんは「絶対に犯人にはなれない人」だったことが、科学的に証明されたのだ。

さすがの検察も慌てたようだった。自信たっぷりに実施した再鑑定が、まさかの不一致だったのだから当然だろう。動揺したのか検察は、意外な動きを見せる。

遺族の松田ひとみさんに検察庁から突然連絡が来たという。

「手紙が来たんですよ。十七、八年ぶりに。何を今さら、ですよ。どういうことなんですかね」

検察が被害者遺族を呼び出す意図については、大方の察しがついていた。被害者と家族のＤＮＡ型鑑定が目的であろう。犯人の精液が付着したシャツは、もともと被害者である真実ちゃんのものだ。つまりシャツには被害者やその家族など、犯人以外のＤＮＡが付着していた可能性がある。本来ならば、それらの関係者のＤＮＡ型鑑定をして「引き算」してから、犯人の型を特定しなければいけないのだが、おそらく当時の科警研鑑定では、それを怠ったのだろう。

私は、宇都宮地方検察庁に出向く松田さんに同行させてもらう。

検察の目的はやはりＤＮＡ型鑑定だった。検察官は松田さんに言った。

「二十年も前の下着からモノが出ているので、その間にいろんな人が触ったりして、事件とは関係ない人の汗とか、そういうのが検出されたのではないのか。あるいは今回出てきたＤＮＡは、単にお嬢さんのＤＮＡを新しい技術で掘り当ててしまっただけであって、要するに犯人のものとは違うのではないか」などと検察は説明した。

松田さんは鑑定に協力することに同意。真実ちゃんのＤＮＡについては、へその緒を貸すことになった。

ところが松田さんと検察官との話は意外な方向へと向かった。松田さんが、積年の想いを伝え始めたのだ。

事件発生以来、検察から放置されていた遺族。松田さんはその後の経緯などを私から聞いて、次第に菅家さん犯人説に対して疑問を抱き始めていた。

「おかしいですよ、やっぱり。誰が見ても違うものは違うんですよ」

そして「菅家」と呼び捨てにする検察官に対して言った。

「菅家さん。あえて『さん』をつけさせて頂きますが、菅家さんが無罪なら、早く軌道修正をして欲しい。捜査が間違っていたんであれば、ちゃんと謝るべきです。誰が考えたっておかしいでしょう」

さらにこう続けた。
「ごめんなさいが言えなくてどうするの」
まるで子供を諭すような言葉で検察を叱る被害者遺族――。
私はいくつもの番組で、この松田さんの言葉を流し続けた。
放送の翌日、菅家さんの弁護団は記者会見を開き、遺族がここまで言っているのにな
ぜ菅家さんを釈放しないのか、と検察を非難した。
「ごめんなさいが言えなくてどうするの」という遺族のその言葉は、ついに日本の歴史
を動かすことになる。

釈放

報道から四日後、六月四日のことだった。出勤中の私の携帯電話が振動した。
松田ひとみさんからだった。先日のお礼を言う私に対し、彼女は冷静な声で、一言ず
つ区切るように言った。
〈今、検察から、電話がありましてね。今日の午後、菅家さんを、釈放するそうです〉
電話を握ったまま私は、駅のホームに呆然と立ちつくした。

再審の開始を待たずに、菅家さんは釈放されることになったのだ。私は菅家さんを迎えに行くため、ワゴン車に乗って千葉刑務所へと向かった。

上空で何機もの取材ヘリがバリバリと爆音をあげて弧を描く下、ワゴン車が刑務所の門をくぐり、通用口に寄せて止った。

やがて鉄の扉が小さく音を立てて開いた。

最初に見えたのは短髪のゴマ塩頭だった。レンズの大きなメタルフレームのメガネ。グレーのチェックのジャケット姿——菅家利和さんだった。

私は車の前で名乗り、握手を交わした。「ああ、あなたが。そうですか……。本当にありがとうございます」。菅家さんはそれだけ言うと手を握り、何度もうなずきながら言葉に詰まった。メガネの奥が光っていた。

私はデジタルカメラのRECボタンを押した。

菅家さんは開いた窓から手を振り、報道陣や景色を見つめている。私はそんな菅家さんの表情をただ懸命に追いかけた。

千葉市内のホテルで行われた記者会見。

菅家さんはマイクに向かって座ると、冷静に話し始めた。

「私は無実です。犯人ではありません。これだけははっきり言えます」

「刑事たちの責めがものすごかったのです。『お前がやったんだ』とか『早く話して楽になれ』とか言われまして、自分はやってないんだと言っても、全然受けつけません。私は謝ってもらって済むとは思ってません。当時の警察と検察官を許すことは絶対できません」

シャッター音以外は聞こえない会見場は、不思議な静けさに満ちていた。

「十七年間、ずっと我慢してきました。警察官には謝って欲しいです……。警察に捕まってすぐ、おやじは死にました。二年前に母親も死にました……。間違ったでは済まないんです。人生を返してもらいたい」

菅家さんの逮捕二週間後に、ショックを受けた父親は病を悪化させて亡くなった。そして二年前には母親も死去。四十五歳で逮捕された菅家さんはすでに六十二歳。菅家さんの言葉一つ一つに、歳月の重さを感じずにはいられない。

流れは大きく変わった。

東京高裁は再審開始を決定。

栃木県警本部長は「長い間つらい思いをさせたことを心からおわび申し上げます」と、

報道陣の前で菅家さんに頭を下げた。逮捕当時に受賞した警察庁長官賞などは自主返納されることとなった。

宇都宮地裁で開かれた再審は、法廷の被告に対し「菅家さん」と、「さん付け」で進行する不思議な裁判となる。当然のことながら判決は無罪。絶対だったはずのDNA型鑑定については、こう判断されたのである。

「最高裁判所決定にいう『具体的な実施の方法も、その技術を習得した者により、科学的に信頼される方法で行われた』と認めるにはなお疑いが残ると言わざるを得ない。本件DNA型鑑定の鑑定書は、現段階においては証拠能力を認めることができない」

自供については、「菅家氏が本件自白をした最大の要因が、捜査官から本件DNA型鑑定の結果を告げられたことにある」と認定。つまり、DNA型鑑定により逃げ道を塞がれ、自白させられたと認めたのだ。完全な無罪判決だった。

最後に裁判官は菅家さんの目を見てこう言った。

「菅家さんの真実の声に十分に耳を傾けられず、その自由を奪う結果となりました。この審理を担当しました裁判官として、誠に申し訳なく思います」

そこまで言うと、黒い法服を纏った三人の裁判官がすくっと立ち上がった。

そして深く頭を垂れた。

「申し訳ありませんでした」

裁判官が法廷で謝罪したのだ。

おそらく日本で初めての光景は、私にとっても衝撃的なものだった。

同時に疑問に思う。

「なぜDNA型鑑定は、これまで絶対視されていたのだろうか」と。

その根を探ると、菅家さん逮捕当時、警察庁が科警研のDNA型鑑定技術を喧伝していたことがわかった。そして警察庁クラブの記者を通じて、まるでPRかのように世間に伝わっていたのだ。先に触れた新聞記事などである。警察庁と科警研は、この新システムを早く捜査に導入したかったようだ。実際、菅家さん逮捕の三週間後には、警察庁は翌年度の鑑定機器予算として約一億千六百万円を獲得していた。DNA型鑑定に騙されて、「平成の大冤罪」を後押ししたマスコミの責任は大きい。

真犯人報道

私は、なぜ足利事件の取材にここまで拘ったのか。

先述したように、もともと冤罪には興味はない。

問題は、「北関東連続幼女誘拐殺人事件」の真犯人である。菅家さんが釈放されて一件落着ではないのだ。

事件当日、渡良瀬川河川敷でゴルフの練習をしていた吉田さんはこう証言した。

「漫画のルパン三世、あれにそっくりだった」と。

私は取材当初から、このルパンに似た男を探し続けていた。そして菅家さんの冤罪報道を始める前に、可能性が高い人物を特定していたのだ。そこまで徹底的に取材をしていたからこそ、自信を持って「ＤＮＡ再鑑定」を求めるキャンペーン報道や、「犯人は今もどこかに潜んでいる」などと放送することができたのである。

考えなければいけないのは、連続事件の犯人の共通項だ。

・足利市と太田市に土地勘があり、タバコを吸い、休日にパチンコ店に通う男
・身長一五六～一六〇センチ前後で、幼い女の子に泣かれたりせず上手に会話が交わせること
・血液型Ｂ型

・事件発生年から推定される年齢は、二〇〇七年現在五十歳前後か

私は、冤罪取材と並行して毎日のように栃木と群馬の県境を行き来し、パチンコ店をしらみ潰しに廻り、聞き込みを続け、その条件を満たす男を探し出したのである。

その人物を早朝から深夜まで張り込み、追跡を続けた。決して気づかれぬようにである。次第に見えてきた「ルパン」の動向をまとめると、以下のようになる。

独身。週末になると県境を行き来する。足利や太田のパチンコ店に現れては、一日中タバコをくわえて玉を弾く。知り合いらしい幼い少女と手をつなぎ、背負い、親しげに話し、抱きしめて頬ずりをする姿を何度も確認し、その映像も押さえた。

「ルパン」の若い頃の写真も数枚入手した。それはまさにルパン三世によく似ていた。その写真を使って実験を試みた。「ルパン」と命名した吉田さんに対してだ。私は男の若い頃の写真をすっと取り出し、吉田さんにさりげなく見てもらった。

彼は写真に目をやると驚いた顔でこう言った。

「こんな感じなんだよ……。うん、こんな感じ」

日を改めてもう一度見てもらうと、観念したように笑ってこう言った。

「本当言うとさ、似てんだよー。あいつにすごく似てんの」

そう言うとしきりにうなずいた。

そして、最新の方法で行われた再鑑定で明らかになった「真犯人のＤＮＡ」だ。鑑定人の一人である筑波大学の本田克也教授による犯人の鑑定結果と、ルパンのＤＮＡは完全に一致したのだ。高精度のＳＴＲ法によって、男だけが持つ「Ｙ染色体」の部位から、男女のどちらもが持つ「常染色体」までの全てが、「ルパン」と完全に一致した。この鑑定による全ての型の合致確率は、計算上は百兆人に一人。実際に地球の人口は約七十億人と言われているので、もはやこの計算自体が意味を持たない。

ルパンの情報は、これまで長い間極秘としてきた。

彼は何者で、どこにいるのか――。

たとえ被害者遺族に問われようと教えることはできない。取材で知り得た事実は、報道以外では世に出さない、というのがルールだからだ。興味を持った読者、視聴者などが調べようとする可能性もあるので、追捜索のヒントになる情報も公開しない。「進まぬ捜査に代わって天誅を」などと考える手合が出てくる可能性もある。それはたとえ相手が犯罪者であっても許されないことだ。

もちろん捜査機関は別だ。事件は司直の手により解決してもらわなければならない。菅家さん釈放後、私は水面下で最高検の幹部や、担当警察に対して詳細な情報を提供してきた。しかし男は今も平気な顔で北関東のパチンコ店を跋扈している。

足利事件は、すでに公訴時効が完成しているというのが捜査当局の言い分だ。たとえそれが冤罪であっても、あくまで十五年の時効で完成済みだと。

しかし、どうやらそこには時効だけでは済まない司法の闇が潜んでいるようだ。さらに詳しく知りたい方は、『殺人犯はそこにいる』（新潮社）をあたってほしい。

第五章　調査報道はなぜ必要か

「発表報道」のワナ

ここまでの事例から、「発表」を鵜呑みにして報道することには、危険が伴う場合もあることがおわかりいただけよう。

「足利事件」で警察は、菅家さんをロリコンと断定し逮捕した。警察の記者会見と報道は、別の意味でも大きな問題だ。「十二年間続いた、足利の地域社会の不安解消ができ、本当に良かった。三件目でやっと検挙になったのは、警察の執念……」としていたが、実際は事件は一件も解決してはおらず、危険は継続していたのである。そして五年後、隣町の太田市で「横山ゆかりちゃん事件」が起きてしまったのだ。

「桶川ストーカー殺人事件」の被害者報道はあまりにひどいケースだった。

警察は水面下に利害を隠し、被害者の偏った情報を流した。メディアがそれを垂れ流したことで、「被害者も悪い」「風俗嬢のB級事件」という強烈な印象が強く世間に定着してしまった。当局と大メディアがタッグを組んで流し続けたそのイメージを完全に覆すことは極めて困難である。今なお被害者・猪野詩織さんの名誉は回復されていない。

近年における最悪のケースといえば、3・11東日本大震災に起因する福島第一原発事故報道だろう。発生直後、政府は「原子炉は制御下に置かれる」「容器は健全」などと発表、メディアはそれを発信し続けた。しかし現実には、事故は評価尺度（INES）「レベル7」という最悪のものだった。

政府がそれを発表したのは事故から約一ヶ月後。一号機から三号機がメルトダウン（炉心溶融）を起こしていた事実を東電が認めたのは二ヶ月後である。利害当事者が事態を矮小化して発表していたと言われてもやむを得ないだろう。

「公的な情報＝正しい」とは言えない現実がここにある。言うまでもなく報道は〝創作〟であってはならない。「真実」もしくは「真実に相当する」と判断されるものを報じて、「国民の知る権利」に応えることにこそ存在意義がある。「当局」の発表や伝聞を鵜呑みにせず、自らの取材によってそれを精査しなければならない。

調査報道が敬遠される理由

もちろん「発表報道」に意味がないわけではない。官公庁や企業の発表を毎回一から疑って調査していては、伝えるのに時間がかかりすぎるし、幸いにして日本の場合は〝発表〟が〝嘘〟ばかりというわけでも決してないだろう。

現在進行中の事案、例えば、地震や津波、台風接近といった災害情報、あるいは事件、事故などの情報においては、ニュースの速度も重大だ。

一方で、調査報道を増やしていくにはかなり難しい現実がある。

新聞やニュースを見ていても、「調査報道」と呼べる報道は決して多くない。取材や裏取りに膨大な手間と時間がかかるという「コスト」面だけではなく、取材内容を担保してくれるものが少なく、それだけ「リスク」も付きまとう。

それでも苦労の末に報道した結果、メディアの部数が急速に伸びたり、視聴率が跳ね上がったりするなどの営利的なメリットでもあれば別だが、そんなこともまずない。身も蓋もない言い方をすれば、調査報道は生産性が著しく低いのだ。それゆえ敬遠され、結果として記事やニュースの大半が「声を上げたい側」の情報によって占められていく。

実際、調査報道だけを行っている記者をほとんど知らないし、私だって決して〝専業〟とは言えない。誤った報道をすることが怖いから、懸命に取材をしているだけである。

それでもなぜ私は報道するのか

調査報道とは、どのように「評価」されるのだろうか。

先にも少し触れたが、報じた内容を当局が追認する。あるいは、他社が同じ内容を後追いするというのも「評価」だろう。「桶川事件」で言えば、取材によって到達した犯人が逮捕され、警察の不祥事が明らかになった。その後「ストーカー規制法」が国会で成立したことなどで、ようやく週刊誌記事が調査報道の成功例として認められた。「足利事件」では、菅家さんの冤罪が確定したことになる。死刑または無期懲役が確定した重大事件での再審開始は、その後「東電ＯＬ殺人事件」や「布川《ふかわ》事件」「袴田事件」にも影響を及ぼしたとも言える。別の観点としては、事件捜査におけるＤＮＡ型鑑定の絶対視が薄れたはずだ。

しかし一方、私が真犯人と目した「ルパン」は野放しのままだ。これまで私はテレビ、ラジオ、雑誌、書籍、ネットで、繰り返しこの男の存在を報じてきたが、未だ逮捕には至っていない。ならばこの報道は無意味だったということになるのだろうか。

負け惜しみと取られるかもしれないが、私はそうは思わない。

重大な事実を伝えること――。

これこそが、記者として唯一無二の責務だからだ。たとえ取材結果が当局の判断と違っていても、自己責任でそれを伝えるべきと考えている。

菅家さん逮捕で、「地域社会の不安解消ができた」とした発表も報道も間違いだった。連続幼女誘拐殺人事件の犯人は、ずっと野放しのままなのだ。潜在するこの危機を伝えることこそが大切な報道ではないのか。こんな重大事を知りながら「警鐘」を鳴らさず、もしも六件目の事件が発生したら、それこそ報道機関としての責務放棄と言われても仕方あるまい。

伝書鳩化する記者

携帯電話や衛星伝送システムなどがなかった時代、遠く離れた取材現場から、本社へ記事や報道写真をどのようにして素早く送るかは重要な問題だった。かつて私が新聞社の写真部で働いていた頃、ベテランのカメラマンから聞いた話がある。

「俺たちは鳩で送ったんだぞ」

かつて新聞社の屋上には伝書鳩が飼われていた。カメラマンは機材と数羽の鳩をカゴに入れて現場に向かう。現地で現像したフィルムを丸めて筒に入れ、鳩に背負わせ放つのである。電話が無い場所では記事も運んだ。鳩が懸命に飛び続けて届いた記事や写真が紙面を飾ったという。

私はこの話が好きだった。けれどもこれは、取材記者を伝書鳩が助けているから、「いい話」なのだ。

ところが近年、記者自身が伝書鳩のようになってしまっているようだ。

記者会見場を見れば一目瞭然。記者たちはノートパソコンをずらりと並べ、発表者が口を開けば、一斉にキーボードをカチャカチャと打ち出す。今の記者にとって「高速ブラインドタッチ」は職業上不可欠の技術である。

発表者の一言一句を漏らさず記録することを、業界用語で「トリテキ」と言う。「テキストを取る」というところから来たらしい。発表者から、いつ重要な文言が飛び出すかわからないから、とにかく細大漏らさず全文を打ち続ける。会見は数時間に及ぶこともあるが、途中で止めるわけにはいかない。一心不乱にキーを叩くその様子は、まるで裁判所の速記官のようだ。

各社さまざまな形で締め切りが待っているので、打ち終わり次第、無線回線を経て「トリテキ」した内容を送る。自社のデスクや同じチームのスタッフと会見内容を共有するためである。それによって会見に出なくても内容を把握することができるから、受け取る側にとってはありがたい。正確な報道を行う上での危機管理にも役立つ。

ところが、ある社会部デスクからこんな話を聞いた。

「最近の記者は『トリテキ』を送るだけで、それを記事化できないんです。どこが、何が、ニュースかわからないんですよ。全文をデスクに送りつけて仕事が終わったと思っている記者もいる。デスクとしてはチェックができるから安心ですが、これじゃあもう記者は育たないですよ」

確かに最近は、会見後の質問も何だか妙である。

「ここまでで何かご質問があれば、どうぞ」などと、発表者に問われると、

「すみません、さっきの○○の部分がよく聞き取れなかったんですけど……」

内容についての芯を食った鋭い質問や矛盾の追及ではなく、ひたすらテキストの完成が優先されていくのだ。無理もない。話の内容を高速ブラインドタッチで「トリテキ」

しながら、その内容を完全に理解、把握した上で、裏や矛盾について鋭い質問をするなど、どだい不可能な話であろう。少なくとも私には無理である。

「裁判所の速記官のよう」とたとえたが、もし速記官がおらず、裁判官自身が延々と速記していたらどうなるか。「さっきの供述ですが、もう一度言っていただけますか?」。そんな頓珍漢なやりとりに終始して、重大な判断などできやしないだろう。

懸命な手作業をすれば脳の思考力は低下してしまう。本来、記者に求められているのは、一方的に発表された情報を一言一句漏らさず届けることではない。自分の頭で考えて内容を精査して、読者にとって重要なことを届けることである。疑問があればその場で聞き、解消しなければならない。二度と取材ができない相手もいるし、社に戻ってから「あれを聞いておけばよかった」と後悔しても、もはや手遅れである。

“真意”が隠されることも

具体例をあげよう。ある家電メーカーの記者会見に出た時のことである。

当時私はテレビ局の社会部記者だったが、たまたま経済部マターの記者会見に立ち会うことになった。メーカー側は分厚い資料を配り、映像を使って詳しく説明していた。

それは新型テレビの増産に関する会見で、聞くとどうやらテーマは四つあるようだった。

1．新型テレビの月産台数を〇万台増産する
2．そこで〇〇県の工場ラインを増やし、人を配置する
3．それにあたり△△県の工場は、〇〇県の工場に統合される
4．今後の販売戦略について

はたしてこのメーカーは何を一番「発表」したいのだろうか。本当は、「3」だけを発表したいのではないか——。

そうアタリをつけて、それとなく質問すれば、どうやら△△県の工場は事実上の閉鎖ということのようだ。その工場には大勢の現地採用のラインエがいて、閉鎖に伴い、彼らは職場を失うことになる。「希望される場合は、〇〇県の工場で働くことができます」とメーカーは力説していたが、その〇〇県の工場は△△県の工場から五百キロ以上も離れている。とても自宅から通えるような距離ではない。

つまりこれは、事実上の「大量解雇」ではないのか——。

しかしそのまま「大量解雇」と発表すれば、従業員たちは納得しないだろうし、企業の倫理も問われかねない。一方で、多くの失業者を生んでしまうような決定を秘密裏に行うこともできない。そう考えて、「新型テレビの増産」という、一見ポジティブに見えるニュースを交えて発表したのではないか。

しかしこの仮説は、あまりにも天邪鬼な社会部記者的思考によるものかもしれない。そう思って翌日、新聞各紙を見比べて確認してみた。

メーカーの思惑どおり、あっさりと〈新型テレビ○万台増産〉と見出しを打った社もあった。けれど二紙ほどは〈□□社　△△工場閉鎖へ〉とあった。

これはあくまで一例であり、この会見を批判することが目的ではない。誰だって都合の悪いことを派手に発表したくはないだろう。大事なことは、記者に〝真意〟を読み取る力がなければ、情報は簡単に操られるということだ。

勘弁してくれ、「記者クラブ」

記者クラブという存在についてはすでに触れた。官公庁などに記者室を設け、クラブに関連する人件費、光熱費や通信費などのほとんどが税金で賄われている。ところが

「桶川事件」などの取材では、クラブ非加盟という理由で雑誌記者は警察から取材そのものを拒否された。

日本新聞協会編集委員会の見解によれば、記者クラブは「公的機関などを継続的に取材するジャーナリストたちによって構成される『取材・報道のための自主的な組織』」らしい。さらに「日本の報道界は、情報開示に消極的な公的機関に対して、記者クラブという形で結集して公開を迫ってきた歴史があります」と続く。

立派な理念と歴史だが、それがなぜ非加盟者（社）の取材拒否につながるのだろうか。その理由を、当局に言わせるとこうなる。

「非加盟社の取材を受けると、クラブがうるさいんですよ」

やはり納得がいかない。

雑誌記者だった頃の私は、取材を拒否されても慣れたもので「はいはい。わかりました」と別の現場に向かうだけだが、「取材妨害」とさえ言える扱いを受けたこともある。

一九九二年のことだった。

当時の埼玉県知事・畑和《はたやわら》が引退すると知った私は、電話で県庁の広報課に取材を申し込んだ。すると十八時から会見が開かれる予定とのこと。当時週刊誌のカメラマンだった私は、とりあえず写真だけでも押さえておこうと、県庁に出向いた。

広報課を訪ねると、スーツ姿の若い男性が出てきて冷たく言い放った。

「会見は記者クラブ員だけになります」

またこれだ。

「後ろから写真を撮るだけだから問題ないでしょう」と言いながら、私は名刺を渡した。

渋りながらも彼は、私と名刺を交換する。驚くことに、なんとそれは通信社の名刺だったのである。彼は県庁職員ではなく時事通信の記者で、たまたま幹事をしていたのだ。

入口で押し問答をしていると、彼はこう言った。

「クラブで決めたことなんで」

お話にならない。

無視して会見場へ向かうと、そこは何百人も収容できる広いホールだった。ところが時事通信の記者がまたもや前に立ち塞がる。会見場はガラガラなのに、「入れない」と言う。県の施設で県知事が引退を発表するというのに、一通信社が他社の取材行為に采配を揮うという。何とも解せない話だ。非加盟社にとって、自主的組織の幹事など全く無関係ではないか。しかも当時の私は、たまたまだが「埼玉県民」だった。つまり有権者であり、納税者なのだ。

他の雑誌記者たちは、大人しく廊下に出て行ったが、私はそのまま居座った。すると、「出て行け！」の大合唱が始まった。見回すと、総勢百人近くのクラブ員に囲まれていた。その昔、二百人以上のヤクザの団体様に囲まれても撮影を続けたこともある私だ。サラリーマンの烏合の衆などに動じるはずもない。知らぬ顔でなおも居座っていると、ＴＢＳのカメラマンが大声を張り上げた。

「がたがた言わずに、出て行け！」

なにゆえ「東京放送」が「埼玉県民」に「出て行け！」と言うのだろうか。それに私も視聴者の一人なのだぞ……。

異物であるカメラマンの混入に会場が混乱している中、知事が入室してきた。すでにテレビは生中継を始めている。慌てたのは時事通信である。突然「それではアタマ五分だけ写真撮影を許可します！」と声を張り上げた。ついに私のような野良記者にも撮影を「許可」してくださったのだ。すると私の背後から、追い出されたはずの他誌のカメラマンが入室してきた。私は思わずぼやいた。

「お前らさあ、戦わずして取材するなよ」

なんと次元の低いトラブルだろうか。このような記者クラブとの軋轢は、数えきれないほど経験した。

断っておくが、私は記者クラブの存在自体を否定しているのではない。非加盟の記者に対して、公の場所で取材妨害をするのを止めてもらいたいだけだ。親睦組織のはずが、なぜ非クラブ員の排除に走るのか。

余談だが、以前、クラブに加盟している新聞記者からこんな話を聞いたことがある。事件取材に熱心な記者だが、バーのカウンターで肩を並べて飲みながら彼はこう言った。

「僕らは事件記者じゃないんです。警察に詰める警察記者なんですよ」

なるほど、と私は腑に落ちた。私は事件を追う。記者クラブ員は官庁を追う。その違いは大きい。

出入り禁止

その後、私は週刊誌からテレビ局の記者へと転身したが、私個人はどの記者クラブにも属していない。しかし会社はあくまで「クラブ加盟社」である。すると、思いもよらないトラブルが生じるのだ。

それは「足利事件」の取材で起きた。

前記のとおり日本テレビによる冤罪キャンペーン報道の結果、DNA再鑑定が実施され、菅家さんは釈放された。するとそれまでこの報道を静観していた他社の記者たちが、雪崩のように取材に押し寄せてきた。突如として司法の重大案件となったので、それも当然ではあるが、おかしいのはその後だ。

「なぜ日本テレビだけに便宜を図るのか？」

真顔で菅家さんの弁護団に抗議する民放記者が現れたのだ。それまで我々が放送してきた遺族や目撃者の取材などが、弁護団の便宜によって成功したとでも思っていたのだろう。きっとその記者は「調査報道」という言葉も知らないはずだ。

二〇一〇年、再審で菅家さんの無罪が確定すると、警察庁は当時の捜査の問題点などを検証した報告書を作成した。内容の多くは、それまで私が報じてきた「目撃者の存在」や「DNA型鑑定の過信」などで、それを警察がようやく認めたに過ぎない。つまり日本テレビにとっては既報の内容だ。

ところが何の因果か、この報告書の内容を私がたまたま早くキャッチしてしまう。それは警察庁が記者発表する前日のことだった。警察庁記者クラブでは、翌日の午前十時に資料が配られたらしいのだが、「協定」なるものがあって、夕方までは報じることができないそうだ。これを「縛り」という。抜け駆けを許さないということだ。

だがクラブ記者ではないジャーナリストに、「協定」も「縛り」もないし、あっても知らない。ましてや情報をつかんだのは資料が配布される前である。そもそもこれまで誰にも相手にされず、淡々と「足利事件」を報じていた身の上なのだ。いつものように深夜のニュースでその概要をさらっとオンエアした。

私にとっては、さして重要なネタではなかった。

ところがなんとこの報道によって、日本テレビは記者クラブを二ヶ月間出入り禁止となってしまったのだ。他の加盟社が問題にしたらしい。原稿を書いた私はクラブ員ではないし、それがどこにあるのかも知らない。ただ私は、ガード下にある焼鳥屋で一杯飲んでいるときにこの情報をキャッチし、その場でノートパソコンを開いて本社に原稿を送っただけだ。くどいようだがあえて繰り返すと、報じたのはクラブで資料が配られる前日だ。だが、それでもダメだというのだ。

冗談ではない。独自取材を孤立無援で続けていた記者も、いちいち記者クラブにお伺いを立てなければ、報道できないというのか。「表現の自由」はどこにいってしまったのだ。

それは本当に「スクープ」なのか

私は、スクープというものを大きく分けると、二種類あると思っている。

1. いずれは明らかになるものを、他より早く報じるもの
2. 報じなければ、世に出ない可能性が高いもの

1は「抜き」などと呼ばれ、各社が秒単位でその速さを競っているのはご存知の通り。だが、その内容の全てが国民にとって一刻も早く必要なものかどうかといえば疑問である。もちろん地震速報や津波警報などは重要だ。

しかし例えば「警視庁は○○事件で、男の逮捕状を請求する方針を固めた」「テニスのXX選手が今年限りで引退する意向であることがわかった」など、いずれもしばらくすれば明らかになるニュースの「途中経過」である。なのになぜ速さを競うのか。

一体、誰がそれを求めているのか。

ジャーナリストの牧野洋氏によれば、誰が早く報じたのか、という経緯は読者や視聴者には関係ない。アメリカのジャーナリズム界では、速さは評価されず、それは「エゴスクープ」と呼ばれているという。ごもっともだと思う。

私自身が意識しているスクープは、当然２の方である。それにこそ意味があると信じている。

しかし記者クラブ出入り禁止となったこのケースには、別の理由もありそうだ。

この情報が「担保付」だったからではなかろうか。

私のそれまでの報道、例えば「初期のDNA型鑑定には問題がある」などは、「警察庁の担保」など無い独自調査によってつかんだものだ。当然、その報道の責任は「私」が背負うことになる。だからどの社も後追いで報じることはなかった。だが、このケースは違う。警察庁という公的機関が流すはずだった情報であり、そこには安心安全な担保がある。すると途端に、記者クラブが横から出てきて仕切り出すのだ。

私は、民間放送連盟、新聞協会、他社の報道機関などでも研修や講演に招かれることがある。すると私を招いた幹部たちは、「近頃の若い記者はクラブに依存し過ぎて当局情報を取るだけ。ぜひビシっと言ってやってください」などと言ってくる。

ところが聞いてみれば彼らも、少し前までは記者クラブをベースに仕事をしていたのだ。どうやら記者クラブというものは、そのシステムに何らかの問題を感じつつも、一方で、一度うまみを甘受するとなかなか捨てられないものらしい。

記者クラブは官公庁内に置かれ、その食堂で役人と「同じ釜の飯」を食う記者たち。そうした関係性の中で提供される情報が次第に「御用報道」を招いていく。

二〇一五年、安倍晋三政権が閣議決定した「安全保障関連法案」。全国紙やNHK、民放キー局など在京記者クラブ所属のメディアのほとんどは、当初これを批判することも少なく、むしろ支持するかのように報じた。しかし東京新聞（中日新聞）などの地方紙やスポーツ紙、ネットメディアなどは、安保法案は戦争を引き起こす可能性があると指摘。その後、憲法学者から「憲法違反だ」という声が飛び出すに至り、在京メディアもようやく軌道修正をし始めた感がある。これなどまさに永田町や霞ヶ関で〝生活〟している記者たちの感覚麻痺としか思えない。

「自分の頭で考える」という基本を失い、「○○によれば……」という担保が無ければ記事にできない記者たち。それは結果的に、自力で取材する力を衰退させ、記者の〝足腰〟を弱らせていくことになるはずだ。

第六章　現場は思考を超越する――函館ハイジャック事件

とにかく現場へ

可能な限りの取材を続け、そこで得た情報について熟慮に熟慮を重ねた上で報道をする。というのが、私のいつものやり方だが、状況が目まぐるしく変化する現場では、思考が追いつかないこともある。いわゆる「発生モノ」と呼ばれる現場だ。

この手の取材では、まず何が何でも現場に到着することが要求される。どれほどそれが遠くにあろうとも、まずは現場に向かい、状況を直視して、記録し、原稿を送る。何より大切なことは「そこに記者がいる」ということだからだ。

私はそんな現場を数多く経験した。そのたびに現場は、陳腐な私の想像を易々と凌駕して、思考すらも断ち切った。

災害現場では自身の身体も守らなければならない。豪雨の中、車を運転していると、突然道路がプッツリと消えて崖になっていた土石流現場。噴火で空を赤く焦がした伊豆大島には、住民が避難している最中に漁船で上陸した。淡路島経由でなんとか辿りついた阪神大震災の現場では、高速道路が落下し、電車が重なるように倒れていた。

自衛艦に同乗して上陸した、北海道奥尻島の大津波現場は瓦礫の山だった。火災でまだ熱い焦土を歩いた。海に車が浮き、丘に漁船が乗り上げている。コンクリートの基礎だけとなった煙る町を歩いて行けば、真っ二つに折れた灯台が辛うじて立っていた。

どこも地獄絵図のようだった。あんな悲惨な現場を目にすることは、もう二度とないだろう――そう信じていたが、二〇一一年の東日本大震災は、それをあっさり裏切った。

震災直後、私は車でひたすら宮城県を目指した。途中、設営されていた陸上自衛隊の前線本部で情報収集をする。すると、同行していた女性キャスターとビデオカメラを持った私を見た若い自衛官が走り寄ってきた。

撮影しないでくれ――。

おそらくそんなことを言いに来たのだろうと私は思った。事故や災害現場ではよくあることだ。だが、迷彩服に身を包んだ童顔の彼は目を潤ませて言った。

「お願いします。みなさんを撮ってあげてください。伝えてあげてください。テレビで避難所が映ると、家族の姿を一生懸命探しているんです。もっと広い画で見せてほしいんです。テレビの力は大きいんです。お願いします、伝えてあげてください」

懸命に、かき口説くように話す青年の姿に私は心打たれた。こんな思いを味わうのは初めてだった。

急げ。一刻も早く。現場へ。考えるのはそれからでいい。

津波の爪跡を追い、海岸線を彷徨った。名取、塩竈、石巻、南三陸、大船渡、釜石、山田、宮古、田老、久慈……。どれほど行けど、歩こうと、出会うのは際限のない悲しみばかりだった。ただ無力を感じる日々。そんな気持ちと戦いながらも、現実を伝えなければいけないのが、この仕事なのだ。

事件発生

災害取材だけではない。事態が何が何だかわからぬままに進行していく事件もある。

それは、私が初めて遭遇した「ハイジャック事件」だった。

「ハイジャックです。全日空機が山形上空でオウムの信者を名乗る男にハイジャックされました。現在、飛行機は函館空港に着陸しています……」

それは『ＦＯＣＵＳ』編集部のデスクからの電話で始まった。一九九五年六月二十一日の昼のことだった。

すでに社からは複数のカメラマンが羽田空港に向かっているという。

当時私はカメラマンだった。ハイジャック取材に必要であろうものを急ぎ準備する。まず超望遠レンズだ。しかし会社の長玉《ながだま》は先発隊により全て出払っていた。私物の焦点距離三〇〇ミリのレンズはあるが、これでは届かない。メーカーのプロサービスに駆け込んで、バズーカ砲のような大口径の六〇〇ミリレンズを借り出した。

羽田にいた先行メンバーから、「（当該機は）函館から羽田に戻ってくるらしい。すれ違いになりたくないし、函館空港は閉鎖しているからここで待つしかない」という連絡が入る。

それも十分あり得る。しかし、かといってこのまま全員が羽田で待っていたら揃って空振り、という悲惨な結末も想定される。北海道に支局があるわけでもない。

そもそも一度着陸したハイジャック機を簡単に離陸させるのだろうか。一九七〇年に起きた、日本航空「よど号事件」の記録を読んだことがあった。福岡空港に降りたボーイング７２７を犯人の要求どおり離陸させた結果、北朝鮮まで飛んで行ってしまった事件である。この苦い経験があるので、おそらく機体は函館から動かさないだろう。

私は、後輩の飯沼健カメラマンに声をかけて、千歳空港行きの便に飛び乗った。

千歳に到着しても、案の定、全日空機は函館で足止め状態のままだった。

ワゴン車のレンタカーを借り、ジュラケースに入ったレンズや大型三脚、無線機、防寒着など大量の機材を積み込む。途中で、食料と背の高い四段脚立も購入する。まるで借り物競走のようだ。一刻も早く現場へと気が急くが、函館空港の状況が想像できないから、つい機材もオーバースペックにならざるを得ない。応援も交代も期待できない。

千歳から函館までの距離は三百キロ近い。高速道路はまだほとんどなかった。所要時間をおよそ五時間と弾き出して、交代で運転しながら一路函館へとぶっ飛ばす。助手席では、携帯やラジオを使っての情報収集だ。

ニュースは深刻な状況を伝えていた。

犯人はプラスティク爆弾を所持。いつでも爆破できると脅し、さらにサリンも持っているという。政府はハイジャック対策室を設置、警視庁の特殊部隊も函館へ向かっていた。サリンに備えて自衛隊の化学防護隊も待機、海上保安庁は巡視船二隻を津軽海峡に配置したという。

とっぷり日がくれた函館空港の駐車場に、ようやく車が滑り込む。見れば遥か遠くに、白と青色の全日空機がライトを浴びて止まっていた。

まずは撮影ポイントを確保しなければいけない。広い空港とはいえ、フェンス越しに撮影できる場所は限られている。当然ながらすでにベストポジションは地元のカメラマンたちにより占領されていた。なんとか潜り込める場所といえば、彼らの最後列とNHKの中継車の僅かな隙間だけだった。そこに買ったばかりの脚立と三脚を立て、六〇〇ミリの巨砲を載せた。

それでも機体はあまりに遠かった。

カメラボディとレンズの間に、コンバーターという補助レンズを噛ませ、焦点距離を倍の一二〇〇ミリにする。野球場のセンターから撮影して捕手のサインが見えるほどの倍率だが、焦点距離に比例して映像ブレの危険も倍増する。しかも状況は悪い。三脚や足場の脚立が揺れるのだ。撮影したいのは、機動隊員や私服刑事が集まっている機体下部だが、とにかく暗い。何しろ「フィルム」の時代の話である。目一杯の増感現像をしても、シャッタースピードは「四分の一秒」にしか上がらない。超望遠レンズの撮影環境としてはあり得ない状況だが、それでも何とかするしかない。

ふと見れば『週刊文春』の「不肖・宮嶋」こと宮嶋茂樹と大倉乾吾、両カメラマンも近くにいる。日本中の現場で競いあってきたライバルであり仲間でもある。今回も東京からしっかりと辿り着いている。やはり只者ではない。

一瞬の勝負

次第に明らかになってきた機内の状況はこうだ。

犯人の男は、液体の入ったビニール袋とアイスピックのようなものを手に「これはサリンだ」と脅しているという。この年はオウム真理教による「地下鉄サリン事件」が発生していた。密閉された機内に人質となった乗客たちは、どれほどの恐怖を味わっているのだろうか。男は「給油して羽田へ向かえ」と繰り返し要求しているという。

広帯域受信機が、機長と函館空港事務所のやりとりを捉えた。コックピットにいる機長たちに、客室乗務員からインターフォンを通して乗客の様子が伝えられている。犯人逮捕後、このやりとりは全て公開されるのだが、この時点ではごく一部の人しか知らないはずだ。

（二十一時十分）

空港「犯人と交渉を持ってもらいたい。その上で燃料補給を考える」
機長「犯人は拒否しています」
空港「食料や医師を機内に派遣したい」
機長「犯人は、『全員死ぬかどうかの瀬戸際なので関係ない』と言ってます」
空港「再度、交渉してください」
機長「『こちらの要求をひとつも飲んでないのに、要求するな。（爆弾の）タイマーのリセットの時間なのでインターフォンを切る』と言ってます」
（二十四時三十分）
機長「インターフォンで『一人終わった（殺した）』とメッセージがありました」
空港「悲鳴が聞こえるのか？」
機長「ここからは聞こえませんが」
二十四時三十七分になると、「五分後に二人目だと言っている」「これ以上時間がかかると、亡くなる方が多くなる。スチュワーデスは目隠しをしている」など、どんどん状況が緊迫していくのがわかる。リアルタイムでそのやりとりを聞いている我々は、次々と死傷者が増えていく状況に焦りを覚えていた。

ところが後で知ることになるのだが、これらの情報は全くの〝嘘〟だったのだ。犯人が客室乗務員を脅し、機長に誤情報を伝えさせていたのである。

乗客の一部が、携帯電話で一一〇番をしていた。

「犯人は男一人、乗客はロープで縛られたり、粘着テープで目や口を塞がれているが、死傷者は出ていないようだ」

これらの通報で警察は、機内の状況をある程度把握していたのだ。結果、機内の「誤情報」を信じていたのは、コックピットにいる機長たちと無線通信でそれを知った我々のような一部マスコミだけだった。そんなこととは露知らず、私は未曾有のハイジャック事件が起きていると信じ込んで取材を続けた。

犯人から死角となる機体下部には、警察の特殊部隊が集結。ハシゴを掛けたり、棒状のものを突き入れたりしている様子が、望遠レンズを通して見える。これらの動きが機内のテレビに映らないよう、テレビ各局に対して生中継の制限が通達された。機内突入はいつか。おそらく犯人に疲れが出る夜明け前か。この日の函館の日の出は、四時ちょうど。突入はその前だろう――。

三時四十二分。一気に人が動いた。次々とハシゴを登っていく。突入だ。

飯沼カメラマンに望遠レンズを託して、私はカメラを抱えて走り出した。何とか犯人の写真を撮りたい。しかし、あえなく警備中の機動隊員のタックルをくらってカメラごと転倒。全身に打ち身を作っただけで排除される。

一方、ライバル誌の宮嶋カメラマンは、機体下部まで走り抜け、警察官に連行される犯人の撮影に成功していた。

捕えられたハイジャック犯は、なんと銀行員（当時53）だった。オウムとは何の縁もない、ただのおっさんだったのである。脅しに使ったサリンはただの水。プラスティク爆弾を思わせた緑色の塊は、粘土だった。まさに大山鳴動ねずみ一匹。

乗客は全員無事だった。

一件落着。とはいえこんな男に騙されて、写真も撮れずに怪我をした私の腹の虫は治まらない。翌日の〝身柄送検〟でもう一度男の撮影を試みた。

だが男はその顔にすっぽりと服を被って、検察庁に送られて行った。

これでは写真週刊誌の面目丸つぶれである。プロとしてこのままでは終われなかった。逮捕された身柄を警察に戻す〝逆送〟まで粘ってみたが、状況は何も変わらない。護送車を追跡するが途中チャンスもなく、車は警察署のすぐ裏手まで戻ってしまい、全て終了……と、諦めかけたその時だった。車はなぜかマスコミが押し寄せている警察署をスルーして、あらぬ方向へと向かったのだ。

着いた先は脳外科病院だった。

看板を見て気がついた。逮捕の際、男は特殊部隊の警棒で頭をボコボコにされたのだ。その治療のために寄ったのだろう。自業自得もいいところだが、こちらにしては最後の撮影チャンスに恵まれたことになる。とはいえ、ここでもカメラマンの存在に気づかれれば、またも男は服で顔を隠すだろう。

ならばと、病院の通用口がなんとか見える場所にワゴン車を止め、車内から撮影を試みる。例のバズーカ砲ならギリギリ撮影できる距離か。

ところが今度はレンタルしてきたそのレンズが故障した。電気系トラブルでピントリングが回転しないという初めてのケース。一難去ってまた一難。東京には不要なレンズが何本も遊んでいるはずなのに、なんだってこんなザマなのかと泣きたくなる。睡眠不足と疲労の限界をとっくに超え、緊張の糸が切れそうだ。それを必死に堪え、私物の三〇〇ミリの望遠レンズにコンバーターをセットした。すでに周囲もファインダーの中も真っ暗だ。病院の通用口にわずかに蛍光灯の照明が当たっている。

通用口から外で待つ護送車までの距離はおよそ一メートル。その間が、たった一回のシャッターチャンスだ。中腰の姿勢でカメラを覗いたまま待つこと二時間。頭に包帯を巻き、両手錠をかけた男の姿がファインダーに飛び込んできた。響く連写のシャッター音――。直後、私はそのまま睡魔に襲われ意識を喪失した……。

＊

それにしてもやはり取材というのはおそろしい。当時は週刊誌だったので雑誌の締め切りまで時間があったが、もしこれが生のニュースで、機長と空港事務所のやりとりを速報していたら、大誤報になったであろう。人質の身を案じている家族や関係者からすれば、たまったものではない。

「現場で直接取材をしていれば間違いはない」――そんな私の中の〝神話〟をぶち壊すような経験となったのである。やはりどんな時でも裏取りは欠かせない。決して騙されてはならないのだ。

第七章　「小さな声」を聞け——群馬パソコンデータ消失事件

証言の矛盾や対立をどう判断するか

事件取材をしていると、事実関係がはっきりせず、歯がゆい思いをすることがある。例えば、殺人事件の容疑者の自供。こんな記事を読んだことがないだろうか。

〈○○容疑者は「借りた金を返せと被害者のXさんから罵倒され、さらに暴力も振るわれたことでカッとなり、置いてあった灰皿で頭を殴ったら死んでしまった。殺す気はなかった」と自供している〉

しかしこれは全て「犯人側の言い分」である。すでにこの世にいない被害者は反論ができないので、どうしても加害者の言い分のみが流布してしまう。

真相は「借りた金を返せず、このままでは社会的に信用を失うと考え、殺害を計画した。Xさんの部屋の灰皿を使えば計画殺人とは思われないだろうと考えた。逮捕されたから、被害者から『罵倒され、暴力を振るわれたため』ということにした」のかもしれない。

このような〝対立事案〟が生じる可能性がある時、記者はどうすればよいのだろうか。「桶川ストーカー殺人事件」の取材では、被害者の「遺言」を頼りに実行犯を特定し、事件前の警察の対応に問題があることを知った。それはすでにこの世を去った人の〝声〟であり、限りなく「小さな声」だった。もしも私が警察発表の「大きな声」だけに耳を貸し、それを信じていたら、他社と同じ報道で終わっていた可能性が高い。

メディアは、社会にとってアンプのような存在だ。拾い上げなければ埋もれてしまうような小さな事実を広く伝える義務と責任があると思っている。

そんなことを考えるようになったきっかけは、ある事件の取材だった。私が『FOCUS』での仕事の軸を、カメラマンから記者に移しつつある頃のことだ。当時よくコンビを組んでいた同僚の小久保大樹記者がこんな見出しの新聞記事を持ってきた。

〈態度注意したらコンピューター情報消された　会社が元社員に賠償請求〉（「朝日新聞」一九九七年一月二十二日）

群馬県内の広告代理店が、パソコンに入力してあった顧客のデータを社員に消されたとして、前橋地裁に四百万円の損害賠償を求める訴えを起こしたというものだ。当時はパソコン黎明期でもあり興味深いニュースに思えた。

記事を要約する。同社に勤務していた女性社員の勤務態度がよくないと、経営者が注意。すると女性はしばらくパソコンの前に座って作業をした後、〈辞めます〉と言い残して会社を立ち去る。その後、そのパソコンから七千八百世帯分の顧客データが消えていた。〈経営者が、電話で問いただしたところ、母親が「うちの娘が作ったものだから消して当たり前でしょう」などと話していたという〉〈母親は、娘が情報を消したことは認めている〉。

会社の貴重なデータを消去した娘と、それを当然と開き直る母親。記事を読む限り、かなり問題のある母娘ではないか。

私はすぐに小久保記者と群馬県に向かった。

訴訟を起こした広告代理店を訪ね、経営者に取材すると、まさに新聞記事通り。「とんでもない母娘ですよ」と、怒り心頭だ。経営者にパソコンを起動してもらい、その画面を見る。そこにあったはずの「データベースソフト」が丸ごとなくなっているという。「大損害ですわ」と、経営者はこぼした。

前橋地裁に行き、新聞記事の発端となった訴状を見れば、これもまたその通り。〈うちの娘が作ったものだから消して当たり前〉とある。

とはいえ対立事案ならば、双方の当事者から話を聞くのが取材の鉄則だ。

我々は被告の女性宅を訪ねた。

玄関先で母親から話を聞いていると何だか話が違う。エキセントリックで問題のある人には見えないし、落ち着いた声で「うちの娘は何も消してなどいません。毎日家に閉じこもって泣いているんですよ」と説明する。〈母親は、娘が情報を消したことは認めている〉のではなかったのか。どこかに何か大きなズレがある。これは危いかもしれない……脳内で黄信号が灯る。

経営者と元従業員。

裁判所を背負った原告と、家で泣き暮らす被告の女性。

はたして〝声の大きさ〟だけで判断して良いのだろうか。

何よりまずは、本人から直接話を聞かねばならない。母親を説得して娘さんに会わせてもらった。涙を流して訴えるその女性から細かく状況を聞いているうちに、なんとも意外な可能性が立ち上がってきたのである――。

消えた〝被害〟

ある〝仮説〟を抱えて、我々は広告代理店に戻った。社長に話をして、もう一度パソコンの電源を入れてもらった。ディスプレイにするすると立ち上がる起動画面。

私はあるタイミングで人差指を伸ばして、キーボードのあるキーを押した（私はパソコンの操作には少々慣れていた）。すると画面が突然に切り替わった。そこには、データベースソフトのアイコンがジャーンと出てきたのである。それをクリックすると、顧客データがぞろぞろと……。

そう、消えたはずのデータはパソコンに残っていたのである――。

驚いたのは原告である社長の方だ。「ええっ！」と、ディスプレイを食い入るように見て固まってしまった。私は間髪容れずにその姿をカメラで押さえた。

一体、なぜこんなことになったのだろうか。

そのパソコンはもともと旧式のＤＯＳというシステムで動いていた。そこにパソコンを管理していたオペレーターが発売間もないＷｉｎｄｏｗｓを追加し、データベースソフトをインストールしたという。二つのＯＳが走るそのＰＣを、訴えられた女性社員はオペレーターから指導を受け、用途によって切り替えて使っていた。

だが、パソコン音痴の経営者はそんなこととは露知らず、そのままDOSだけを立ち上げていた。当然ながらディスプレイにはアイコンが出てこない。そこで「消された」と騒ぎ、訴訟まで起こしたのだろう。全く人騒がせもいいところである。

その後、母娘にデータが残存していたことを伝えると、二人は心底安堵した表情を見せた。

母親に聞けば、朝日新聞の記者にも「消してない」と同じように説明したという。だが結局記事は、「訴状」に書かれていた通りの内容になっていた。

〈経営者が、電話で問いただしたところ、母親が「うちの娘が作ったものだから消して当たり前でしょう」などと話していたという〉

よく読めばこの台詞、「原告側」の一方的な主張ではないか。母親の「そんなことは言っていない」という声は完全に無視である。一口に「裁判資料」といっても、訴状や調書がそのまま〝真実〟とは限らない。起訴状は検事が作る。訴状は原告が作る。目的や利害を持った人たちが、ある意味好き勝手に書く書類なのである。

『FOCUS』の編集長は記事にこんなタイトルをつけた。

〈朝日新聞が大チョンボ　群馬・女子社員「パソコンデータ消去事件」の真実〉

取材結果を受けて、急遽記事の矛先が変更になった。となれば、「対立事案が生じた場合、双方の話を聞く」という原則を守らなければいけない。つまり、もう一方の当事者となった朝日新聞の言い分も聞かねばならないということだ。小久保記者が朝日に取材をかけたが〈読者広報室を通して欲しい〉と言うばかり。

それだけではなかった。逆に朝日からケチがついた。『ＦＯＣＵＳ』が朝日新聞紙面に出す予定の「新聞広告」に対し、「紙面に〈朝日新聞大チョンボ〉などと載せられない」と言ってきたのだ。やれやれ。金を払って広告を出すのに……。

朝日の記事では、原告、被告とも匿名ではあったが、小さな町の広告代理店とすぐ近くで暮らす女性だ。地元では誰のことかすぐにわかる。自分で記事を書く時は一方的に書いておきながら、自分自身が書かれるとなると猛反発かと、私は憤った。

ところが、発売日の朝日新聞を見ると、ちゃんと広告に〈朝日新聞大チョンボ〉の活字が躍っているではないか。そして同日の社会面を開くと、こんな記事があった。

〈退職女性「情報消していない」〉〈会社の調査でも「データあった」〉（「朝日新聞」一九九七年一月二十九日）と、訂正に近い形の続報が掲載されていたのである。ただし、その時点でも「発見の経緯」が〈同代理店の調べで〉となっている。〈すべて消されたと思った経営者が知人に頼んで情報を打ち直しているときに、「情報」が残っていることがわかったという〉と、ここでもまだ原告主張の記事を書き続けていた。『FOCUS』には、パソコンの前でフリーズした社長の写真も、データ発見の経緯も載せているにもかかわらず。

けれど朝日新聞は、その後もこの小さな訴訟事件の取材を続け、続報を掲載した。それは原告が訴訟を取り消すまで続いた。その際には被告側家族のコメントを載せている。〈良かった。娘がデータを消したという事実はないし、どこまでも争うつもりだった〉（「朝日新聞」一九九八年三月二十日）

報道のミスは、報道でカバーするしかない。その意味で、この朝日新聞の姿勢は大切なことである。

判決文も調書も訴状も記事も人間が書いている。ミスもあれば思い込みもあるのだ。かくいう私だって、これまでどんなミスをしてきたか。それが怖いからこそ、どこまでも取材してしまうのだが。

第八章　〝裏取り〟が生命線――〝三億円事件犯〟取材

取材現場は〝嘘〟の山

前章で報道のミスについて書いたが、現場に身を置いていると、その危険は絶えず付きまとう。残念ながら取材現場には、嘘と悪意が渦巻いているからだ。

二〇〇九年、日本テレビで誤報が起きた。

発端は、ある建設会社の役員がインタビューに応じ、「県庁の職員に頼まれて裏金を作った」と証言したことだ。取材ディレクターは、男の証言の裏取りに走った。話には一応リアリティもあり、取材時に男は架空口座や銀行取引記録、大量の印鑑などを小道具としてちらつかせた。しかし結局その話は全て嘘だったのだ。当時の日本テレビの社長は、責任を取って辞任。翌日の朝日新聞には、厳しい見出しが躍った。〈ずさん取材、誤報生む〉〈証言頼み　甘い裏取り〉〈まず疑う、の基本欠く〉（「朝日新聞」二〇〇九年三月十七日)。結果責任から見れば、仰せのとおりであろう。

因果は巡る。それから五年後の二〇一四年、朝日新聞の「従軍慰安婦」記事問題が勃発。一九八二年から九七年の間に掲載した、戦時中の従軍慰安婦強制連行に関わる十六本の記事。その核を成していた男の証言が「事実でなかった」ことを朝日新聞は認めざるを得なくなった。まさに〈証言頼み　甘い裏取り〉〈まず疑う、の基本欠く〉である。朝日新聞は記事を取り消したものの、当初は謝罪がなく集中砲火を浴びた。

この種の〝虚言〟に振り回されるケースは時折発生する。有名な「伊藤律会見報道事件」は、記者自身が〝虚言〟の元だった。また『週刊新潮』が赤報隊事件の「真犯人」の「告白手記」を掲載したのは、詐話師に騙されたケースである。

このようにメディアの取材に対して、平然と嘘をつく輩は多い。なぜそんなことをするのか「動機」すら理解できないケースもある。

「米国でiPS心筋を移植成功した」と派手に紙面を飾り、テレビに登場した男の話はデタラメだった。「全聾の作曲家」という触れ込みでマスコミに騒がれ多くの人の感動を誘ったサングラスの男や、割烹着姿でSTAP細胞実験の成功を笑顔で説明した女性も登場した。

何が本当で、何が嘘なのか――。

こんな状況の中で、正確な報道を行うためには、記者自身が可能な限りの「裏取り」をするしかないのだが、その当たり前のことがなんとも難しい。相手は騙すために相当な嘘を準備しているからだ。懸命に裏取り取材を続け、あげく話の内容が事実ではなかったという「裏」が取れた場合はどうすればよいのか。

答えはひとつ。

あっさりとボツにするしかない。

どれほど苦労して取材したとしても、それしか方法はない。むしろ嘘を世間にばらまかずに済んだと喜ぶべきだろう。私も長期間に及んだ取材が徒労に終わったことが何度もある。週刊誌時代に経験した、そんな危機一髪の事例をひとつご紹介しよう。

「三億円事件犯」現れる！

それは有名な未解決事件「府中三億円強奪事件」にまつわるものだ。

事件の発生は一九六八年十二月のこと。東京都府中市を走行していた日本信託銀行の現金輸送車は、トランクの中に三億円を積み込んでいた。東芝府中工場へ届けるボーナス用の現金だった。車が府中刑務所の横にさしかかった時、右側から追い抜いた〝白バイの隊員〟が、手を上げて輸送車を止めた。

「あなたの銀行の巣鴨支店長宅が爆破されました。この輸送車にもダイナマイトが仕掛けられているという連絡があったので調べさせてくれ」。その直後、車の前方から白い煙があがった。「爆発するぞ！　早く逃げろ！」という白バイ隊員の声に、運転手たちは慌てて車から飛び降り避難。白バイ隊員は果敢にも輸送車に乗り込み、移動させる。ところが、そのまま車は走り去り、三億円もろとも消えてしまったのである。残されたのは、ニセの白バイと発煙筒の燃えカスだった――。

日本犯罪史上に残るこの事件、以後、さまざまな犯人像が浮かび上がったが、結局は逮捕に至らず一九七五年に時効を迎えた。

ところが一九九九年、この事件の犯人で、ニセ白バイに乗ったと自称するEという男が現れたのだ。『FOCUS』の同僚記者がEに直接取材をすると、とにかく三億円事件に詳しかった。ニセ白バイの製作方法や、「秘密の暴露」にあたるような現場での小さなミスや、その後の逃走ルートまでリアルな証言をしていた。

はたして男の話は事実なのか。

事件後、Eは北海道の稚内に逃亡し潜伏していたという。たまたま別の事件取材で札幌にいた私は、その裏取り取材に急遽加わることになった。

強奪された三億円の紙幣のうち、五百円札の一部だけは紙幣番号が判明していた。〈XF227001A〜XF229000A〉の新券二千枚である。報道でその番号を知ったEは、その札を手元に四枚だけ残し「他は稚内などいくつかの場所に分けて埋めた」と証言。半年ほどの潜伏期間中に警察に見つかりそうになり、稚内から逃走。その去り際、四枚の五百円札のうち一枚を世話になった電器店の当時小学四年生だった息子に渡したというのだ。

「汽笛が聞こえる稚内駅の待合室まで泣きながら見送りに来てくれた。今生の別れだと、五百円札をロケットにたたんで入れて『大事にせえよ』と、その子の首から下げてあげたんだ」

もしその五百円札を見つけることができたら――。

Eが事件の真犯人または関係者であるという完全な証明となる。なんと言っても動かぬ「物証」だ。一方で「どうせ馬鹿げた作り話だろう」と思いつつも、「いや、可能性はゼロではない」と、貧乏性の私はそれをあっさりと捨てることもできない。無駄足になるのを承知で、三十年前の五百円札を北の大地で探し始めた。

厳冬期の北海道であった。

吹雪で飛行機は欠航。札幌から延々と気動車の急行列車に揺られて最北端である稚内へと向かった。悪いことに風邪気味だった。前夜薬局で買い込んだ風邪薬を飲みつつ、XFから始まる紙幣番号をぶつぶつと口の中で暗唱していた。

地吹雪すさまじい稚内。

全身雪だるまのようになりながら、五百円札を受け取ったという少年を探すための聞き込みを続けた。男が世話になったという電器店は当時確かにあり、その家族には息子もいたという。すでに転居していた一家を探し、ついに少年の母親に会うことができた。

肝心の息子の居場所を教えてもらうと札幌だという。息子は、私が宿泊していたススキノのホテルのすぐ向かいにある店の経営者だというのだ。しかもその店とは、なんと私が前日に風邪薬を買った薬局ではないか。やれやれ、とまた列車に乗って「ふりだし」へと戻った。

すでに三十九歳となっていた「元少年」は、店先にいた。

「あの人が借りていた家には、よく遊びに行ったんです。いつもブラブラしていて、子供心によく何ヶ月も遊んでいられるなと思いました」

焦る気持ちを抑えつつ、私は肝心の話を尋ねた。

五百円札のことを直接聞いてみたのである。

すると、急に彼の口が重くなった。ここは勝負どころである。私は根気よく同じ質問を繰り返す。すると「今まで誰にも言わなかったんですが……。五百円札を受け取ったことは事実です」と認めたのである——。

どうやら誰かがEのことを「ニセ白バイ男のモンタージュ写真に似ている」と警察に通報したらしいのだ。

「うちに警察が聞きに来たんです。あの人は留守だったので、捕まらなかった。後でそれを教えると急に稚内を去ると言い出した。僕は駅まで見送りに行ったんです。『使わないで、とっとけ』と言われ、小さくたたんだ五百円札をもらったんです」

私は、薬局のカウンター越しに凍りついた。

自称「ニセ白バイ男」Eの話は本当だったのだ。

まさかと思いつつも私は、その札のナンバーを覚えていないかと尋ねた。すると「番号は知らないが、その札は今も保存しています」と言ったのである。

なんてこった。

今まで両親にさえ見せたことはないという五百円札、それが店の奥にある金庫からうやうやしく私の目の前に登場したのだ。岩倉具視が目線を寄越すその薄青色の札は、小さく折りたたまれた痕跡までくっきりと残していた。

私は腰を抜かさんばかりだった。記者生涯で最大のスクープである。ざまあみろ、人間諦めなければ奇跡は起こる！　私は、まるで当選した宝くじを再確認するような気持ちで、紙幣の右下にある番号に目をやった。


ＶＦ８９８１８６Ｅ……


ん？

これ、違うんじゃないの？

三億円事件の紙幣番号じゃないぞ！

あまりのショックの連続に頭の中がぐるぐる回る。ちょっと待て。どういうことだ。私を騙すために仕込まれた罠なのか？　だとしたら誰が？　みんなグルなのか？　まさか。三十年前から？ ありえない。あまりに大掛かりだ。そもそも何のためにだ。どこかに嘘つきがいる。そいつは誰だ？ いったいどういうことだ！ 謎は謎を呼び、脳はもう破裂寸前だ。

三億円が鳩になった！

取材は果てしなき泥沼に突入する。

この〝謎〟を解くヒントは「鳩」だった。

元少年で現薬局の店主は、私とのやりとりの中で、一度だけEのことを「鳩のお兄さん」と呼んだのだ。鳩？ 私はそこに食いついた。聞いてみればEは、稚内で借りていた家で、複数の鳩を飼っていたというのである。

潜伏中の強盗と鳩？

なんだそれは。逃亡者の心の慰撫か愛玩用か。取材魂に火がついた私は、さらなる深みへと走り出してしまった。こうなるともう止まらない。

すると、当時、稚内をスタート地点とする「伝書鳩レース」が開催されていたことを突き止めた。国会図書館に保存されていた『愛鳩の友』という専門誌によると「三億円事件」の翌年、六九年五月に「稚内グランドナショナルレース」というものが開催されていた。さらに注目はそのレース結果だった。なんと自称「ニセ白バイ男」ことEの名が記されていたのである。稚内から鹿児島まで直線距離にして約千八百キロ、その距離をEの愛鳩が一週間かけて飛び続け、しかも国内最長飛行距離のコースレコードを叩きだしたというのだ。

潜伏中の強盗が、日本新記録ホルダー⁉

私は当時のレースの審査委員を探し出し、詳しい話を聞きに行った。すると驚くべき話が浮上する。レース当時から稚内―鹿児島の長距離飛行には、審査委員たちから疑問の声が上がっていたというのだ。驚異的な記録を叩き出したその鳩を、審査員は鹿児島まで行って確認していた。

「山岳地の多い日本では、あの長距離は無理ではないかと思っていました。実際に鳩を見ればそんなに長い距離を飛んだにしては脂肪も落ちていない。レース中はエサも十分ではありませんから普通は痩せます。けれどあの鳩は羽の反りも十分で、元気なままだった。おかしいなあと思った」

しかし、鳩の足輪に打たれた認識番号は合致している。その場でテスト放鳩すれば、ちゃんと鳩小屋に戻る。

結果、新記録として認定するしかなかった。

私と審査委員は、互いが持っている情報をすり合わせて、三十年ぶりにこの謎を解いた。それは「三億円事件」とはもはや無関係の「鳩レース詐欺疑惑」であった。

鹿児島で飼っていた鳩を稚内に連れて行き、借家でしばらく飼う。すると鳩は、鹿児島と稚内の二つの鳩舎に帰巣本能を持つことになる。その状態で稚内のレースのスタート地点から放鳩すると、鳩は遥か彼方の鹿児島などへは向かわず、ついさっきまでいた稚内の「別荘」にさっさと戻る。

「おそらく、その鳩をカゴに入れて汽車や飛行機などを使い、鹿児島に運んだのでしょう。そして帰還の話を聞いた私が、鹿児島でその鳩を見せられたということです」

なるほど。なかなかのトリックだ。

だが、わざわざそこまで手の込んだ〝手品〟をする、その動機とは一体なんだろう。

当時は、大レースが行われるほどの伝書鳩ブームで、優秀な鳩は高値で売買されていた。一度大記録を打ち立てた鳩やその卵は、結構な金額で取引されたという。確かに専門誌の『愛鳩の友』にもそんな広告が掲載されていた。そして最長距離記録を出したその鳩は、「鹿児島号」という名前がつけられ、百八十万円という過去最高値で売られたという。これは当時としたら大金であろう。

しかしだ、Ｅが「ニセ白バイ男」ならば、その時点で三億円もの金を持っているはずなのだ。そんな大金を持っている人間が、こんな面倒なことをやるだろうか。しかもＥは、この前年六八年十一月に行われたレースでも鳩を飛ばし、秋田―鹿児島間の新記録を樹立していた（この記録もまた疑惑視されていたようだが）。

そもそも六八年十一月と言えば、三億円事件のわずか一ヶ月前だ。計画を練り、白バイや制服を作り、逃走車を準備し……と、犯人であるならば一番忙しい時期ではないか。強奪する三億円はボーナス用の現金だ。犯行日時の変更はできない一発勝負。その直前に秋田で呑気に「鳩」の世話などするはずがない。

私は「鹿児島号」の代理になった気分で、鹿児島へも飛び、裏取り取材を重ねた。稚内、東京、鹿児島とまさに全国スゴロク。取材を重ねるごとに、男の嘘は次々と判明していく。同僚の記者が、五百円札の番号が違っていたとＥに問い詰めると、まさか五百円札が現存しているとは思っていなかった本人は、「えっ、どうしてわかるのか？」と驚き、最後には嘘をついていたことをあっさりと認めたのである。

潔くボツにする勇気

では、なぜEは、稚内を離れる際に意味ありげに五百円札を少年に渡したのだろうか。それは、当時日本中にベタベタと貼られていた「ニセ白バイ男」のモンタージュ写真が原因だった。その写真の顔に少々似ていたこの男、三億円事件とは無関係でも、通報されたら「鳩レース詐欺」の方がバレてしまう。そこで一旦、稚内から姿を消すことにした。その時、駅まで送ってくれた少年をかついだのである。そうとも知らない少年は、「鳩のお兄さんは、三億円事件の犯人かもしれない」と刷り込まれ、その五百円札を後生大事に保管していたのだ。

一方、この鳩詐欺男は、都合のいい〝台本〟を書いて、マスコミをかつごうとした。「私はニセ白バイ男」という嘘っぱち話で、本の出版も計画していたらしい。

自称「ニセ白バイ男」は、ニセの「ニセ白バイ男」だったのである。もはや何が何だかわからない。

ここに至って、『FOCUS』はこのネタをボツとした。取材ができなかったのではなく、「真実ではなかった」という「裏取り」ができたのでボツにしたのだ。どれだけ苦労して取材しようとも、事実でないことが確認できた以上は記事にしない。こういったケースは他にもあった。この雑誌のそんな潔さが私は好きだった。

ところが、ここで話は終わらないのだ。

どうやら潔かったのは、私の雑誌だけのようだった——。

〈3億円事件「白バイの男」衝撃告白！〉〈戦後最大の謎・31年目の真実〉という週刊誌記事が掲載されたのは、その数週間後のことだった。少年がナンバー違いの五百円札を持っていた、という顚末を我々から聞いた鳩詐欺男は、これまでの〝台本〟を急遽書き換えて、今度は『週刊宝石』に、このネタを持ち込んだのである。

肝心の五百円札の番号については、「警察発表で番号を知られた五百円札は、すでに処分していました。番号が違うのは当然のことです」というように証言が変更されていた。『週刊宝石』のベテラン記者は、騙されたのか、あるいは危ういと知りつつも乗ったのかは知らないが、男の言い分をそのまま記事にしたのだ。内容も、その記者自身が自分の取材努力で五百円札に到達したような体のレポートとなっており、読んだ私は絶句した（『週刊宝石』一九九九年一月二十八日号）。

この記事を受けて、他のマスコミも追従を開始、警視庁捜査一課の刑事までが札幌に向かうという、ちょっとした騒ぎになった。仕方なく『FOCUS』もその時点で記事化することにした。ただし内容は、他誌と真逆。話題になっている男の話は全くの嘘で、「犯人ではない」という〝真実〟の記事を掲載したのである。〈31年目の真実〉とまで言われては、こっちも黙ってなどいられない。冗談ではない。

話はまだ続く。

その一年後、当の男Eは警察に御用となる。ただしそれは三億円事件とは無関係の不動産に関わる詐欺事件であった。やはり男は筋金入りの詐欺師だったらしい。純真無垢な少年を欺いた上、罪無き鳩と風邪気味の記者を弄んだ末路はそんなものであろう。

不意を突くようにして突如現れる嘘つきたち。騙されないようにするには、あらゆる手段を使って、その真偽を確かめるしかない。特に「おいしい話がある」と擦り寄ってくる手合の話は、ほとんどの場合その本人が得をするということを、知っておいて損はないだろう。

第九章　謎を解く――北朝鮮拉致事件

現場がわからない

週刊誌で仕事をしていた頃は、支局も縄張りもなかった。

必然、全国の現場を走り回ることになる。現場から現場へと〝転戦〟を繰り返し、札幌―福岡便などという、私の拠点《ベース》を飛び越える路線にも何度搭乗したことやら。年間五十本を超える難事件、怪事件に付き合い、毎週毎週事件と向き合った。

北朝鮮による拉致事件の現場を一人彷徨ったことがあった。

一九七八年夏、日本の海岸線から三組のカップルが次々と消えた。八〇年にサンケイ新聞（当時）が「アベック三組ナゾの蒸発」と報じたことで表面化するが、警察はそれを事件であるとは公に認めなかった。そのためほとんどのメディアは、これを黙殺することになる。北朝鮮が自ら拉致を認めるなど、夢のまた夢の頃の話だ。

「日本海沿岸で、三組のアベックが消えている。現場写真を撮ってきてくれ」というベテランデスクに背中を押され、辿りついたのは新潟県。冬の波濤がまるで嘘のように、夏の日本海は静かだった。波の音がやさしく響く波打ち際を、あてもなく彷徨っていた。一体、何を撮れば良いのだろうか――。

とにかく「現場」がどこなのかもわからないのだ。

この柏崎市でも一組が姿を消していた。蓮池薫さん、奥土祐木子さんであった。海岸近くの図書館に蓮池さんの自転車が残されていたという。入手していた情報はその程度。同じ頃、福井県と鹿児島県の海岸でも、やはりカップルが姿を消していた。インターネットはおろかパソコンすらない時代。基礎情報を集めるだけでも骨が折れた。

当局の表向きの扱いは「失踪」。家出や駆け落ちと同等である。

だがヒントはあった。

富山県では、誘拐される寸前に逃げ出した男女がいたのだ。二人は、外国語を話す数名の男たちに突然襲われて拘束されたという。口かせや手錠をされ、布袋を被せられて松林に運ばれた。だが、たまたま近くにいた犬が吠えた。男たちが慌てて姿を消したその間に男女は必死に脱出したという。現場に残されたのは日本国内では見かけない手錠やゴム製の口かせなどだ。このため外国人の工作員による拉致の可能性が浮上する。

私はこの富山の未遂事件を扱った所轄警察署にも取材に赴いた。

木訥そうな次長がお茶など出してくれ、一応相手にはしてくれたが、すでに資料も証拠品も廃棄して無いという。いくらなんでも廃棄はないだろうと思ったが、次長をいくら押しても、北朝鮮の「き」の字も出ない。諦めて周辺の聞き込みをして回る。ようやく誘拐されかかった本人を探し出して、家を訪ねて取材を試みたが、「その件は勘弁してください」と玄関先で断られてしまった。

取材を進めても、〝国籍不明〟の船が沖に来て、ゴムボートが上陸してくるらしい……など、噂話のようなものしか出てこなかった。かくして私は全ての取材先を失って、夕方の柏崎海岸の波打ち際に座り込む羽目になったのだ。

さすがに万策尽きた感があった。

日本海のあちら側、朝鮮半島の方向に夕日が落ちていく。これ以上、取材のあてはなかった。かといって「工作員による拉致事件」と書くならば、その根拠が必要だ。この頃は、北朝鮮に対して批判的な報道をすると、百名単位の「朝鮮総連」の団体様が押しかけてきては、会社が包囲される時代であった。まあ「根拠」を書いても来るのだが。

拉致事件の共通点

思考を堂々巡りさせながら、ひたすら海を見つめていた。

うん……待てよ。

アベック行方不明・誘拐未遂の四件が、「同じ一味」の手によるものならば、何か「共通点」があるのではないか。事件の類似項を探し、犯人を絞り込む捜査方法を警察では「手口捜査」と言う。それが使えないだろうか。

まず、いずれの事件も季節は夏だった。

冬は荒れる日本海も、この季節は波が穏やかで、ゴムボートで接岸することも十分可能だった。時刻は夕方。闇夜に乗じれば、誰に見咎められることもない。

考えろ、考えろ、と自分に命じた。

その時私が座っている場所は、蓮池さんの自転車が残されていた図書館から真っ直ぐ海にぶつかった場所だ。誘拐現場がこのあたりである可能性は高かった。次第に薄暗くなる海岸の潮騒がやや不気味だったが、私はその場所を動かなかった。

富山の未遂事件でカップルに袋をかぶせたのはなぜか。なぜそのまま松林で待機していたのか。ピックアップ用のゴムボートと合流するための時間調整かもしれない。人が入った布袋など容易には運べない。しかも二人である。砂浜は歩きにくいし目立つ。私が工作員ならどうするか。拉致現場の近くにゴムボートを接岸してもらうだろう……。

ならば、「誘拐班」と「ピックアップ班」はどうやって合流するのだろうか。

海岸線は暗く、長大だ。しかも工作員からすれば異国の地である。GPSはおろか携帯電話すらない頃だ。どうやって落ち合えばよいのか。短波ラジオや暗号での通信が可能だとしても、最終的には何らかの可視的な目標が必要ではないのか。かといって、サーチライトや焚き火では、遠い沖合からは効果が薄い上、陸上からは目立ち過ぎる。

「目標」はなんだ——。

すでにあたりは真っ暗になっていた。私は背後の海岸線を見渡そうと、立ち上がり振り返った。

あった!

直感的にそう思った。私のすぐ後ろにある砂丘の上には、二階建ての目立つ建物がぽつりと建っていたのだ。海岸線には他にほとんど建物はないから、宵闇の中、灯りが点ったその家は、まるで灯台のように煌々と輝いていた。目標にはうってつけではないか。

私は、足元も見通せぬほどに暗くなった砂浜を、摺り足で進んで建物を目指した。斜面を登り切り、建物の玄関前に立つと、看板には「柏崎ユースホステル」とあった。

私はそこに一夜の宿を求めた。

人の良さそうなユースホステルの管理人。雑談の中でそれとなく聞いてみると、事件当時もこの施設はあったという。さらにこんな証言が飛び出した。蓮池さんたちが姿を消した頃から、警察がやって来るようになったという。保管されていたその名刺を見せてもらえば、新潟県警の外事課の刑事だった。つまりは公安警察の中でも対諜活動を担当している部署である。捜査員は建物の二階を借りて、そこに常駐し、窓に張りついては幾日も双眼鏡で沖の監視を続けていたという。何度もそんなことがあったというのだから、このユースホステルと事件は何らかの関係があると考えていい。

くたびれたベッドに寝転がりながら、私はさらに思考を伸ばす。

「ピックアップ班」のゴムボートが上陸し、「誘拐班」のメンバーと合流するための必要条件は、砂浜か低い護岸だろう。そして、「誘拐班」にとって必要なのは、合流までの間、姿を隠すことができる閑散とした松林のはずだ。もう一つ必要なのは、二つの班が落ち合うための目標物。ここにはその三つが揃っている。

砂浜、松林、上陸目標。

この三つの条件が、カップルの消えた現場すべてに揃っていれば、事件は繋がってくるのではないか――。

しかしこれはまだ推論に過ぎない。証拠がなければ記事にはできない。けれど現場で思考を巡らせることで、ようやく私は取材の糸口をつかんだ気になった。

翌日から早速すべての現場を矢のように回った。するといずれの現場にも、まるで映画のセットように、それらの「小道具」が見事に揃っていることを発見した。上陸目標となりそうな建物は、新潟と福井はユースホステル。富山では旅館、鹿児島では国民宿舎だった。カップルが消えた現場すべての海岸線に、目立つ施設が孤立して建っており、海岸には砂浜や松林があった。

やはり単なる失踪ではない――。

すべての現場を写真に収めた私は、拉致事件を匂わせるその共通項を記事にした。

その後、新潟市内での「横田めぐみさん拉致事件」が表面化した時も、私はすぐに現地に飛んだ。現場を見て回ると、やはり同じ特徴があった。海岸には松林。斜度が緩いコンクリート護岸は、絶好の上陸ポイントだった。そしてめぐみさんの家の裏手には、高さ六十三メートルもの「日本海タワー」がそそり立っていたのである。実際に沖合に船を出せば、それは目標物として完璧だった。下校途中に姿を消しためぐみさんは、たまたま工作員の上陸エリアを歩いてしまったのではなかろうか。

「松林の中や、このあたりでどれほど娘を捜したことか」

涙をこぼす母親の早紀江さんと父親の滋さんから、私はその護岸の上で話を聞いた。

テレビの記者に転身してから、元北朝鮮工作員の取材をした。

今は韓国で暮らすその男と、私はソウル市内のホテルの一室で向かい合った。元工作員は「自分は拉致こそ関わっていないが、工作船、子船、ゴムボートを乗り継いで、密かに何度も日本に出入りした」と証言した。

福井県のある海岸に上陸した時の状況を図解してもらった。

この時の目標は大きな旅館だった。それを目印に上陸し、近くで待つ工作員と合流したのだという。

「工作員同士が落ち合うことを〝接線〟と呼ぶのです。暗闇の中で敵味方を識別するためには、石や木の棒を手に持ち、それを叩き、カチカチと暗号を送ります。暗号が合えば合流します」

なるほど。私は合点がいった。

日本海沿いのある街で取材をしていた時には、奇妙な話を聞いたこともあった。近隣の中学校の生徒手帳に、こんな注意書きが載っていたというのである。

〈海辺に行くと誘拐される危険がありますので、近づかないようにしよう〉

地元の人々は、感覚として危険を察知していた。だが誰かが守ってくれるわけでもない。だからこそ子供を自分たちで守ろうと指導していたのである。

一九八八年の国会で、これら行方不明事件について「北朝鮮の拉致の疑いが濃厚」と答弁しながら、以後も強い方針を打ち出せなかった日本政府。北朝鮮が拉致の事実を認め、蓮池さん ら五人の拉致被害者たちがようやく戻って来られたのは、二〇〇二年になってからだ。しかし横田めぐみさんなど他の被害者たちの消息は今もわからない。

柏崎の新潟県警外事課の例を出すまでもなく、捜査当局は拉致事件発生直後から相当の事実を掴んでいたのだ。

国民が連続して誘拐される。

そんな大事件が起きていたにもかかわらず、なぜか公にしなかった。国家の最大の責務は、自国民の生命や財産を守ることなのに、そのために必要な情報すら明らかにしなかったこの国のあり方は、何かがおかしいのではないか。私が、国家と報道の関係を強く意識するようになったのは、この取材を通してのことだった。

「猫のタロウを探しに行きます」

もうひとつ、ゼロから〝謎〟を追った事例を紹介しておこう。

こちらは捜査の見立ての違いから始まった〝事件〟と言えるものである。

一九九八年、宮崎県の川の中から一人の女性が遺体となって発見された。

当初身元の特定が難航するが、かつて宮崎県に住んでいた和子さん（当時71・仮名）と判明。彼女は群馬県で行方不明となっており、「捜索願い」が出されていた。宮崎県警の検死によると、死因は左わき腹の肋骨骨折による外傷性ショック死。県警捜査一課と日南署は、肋骨は殴られて折られたもので、それが肺に刺さり死亡したと発表。川から見つかったにもかかわらず、遺体が水を飲んでいなかったことなどから、「殺人、死体遺棄」事件と断定。捜査本部を設置して、群馬県警にも捜査協力を求めた。

和子さんが宮崎県に住んでいたのは、四十年以上前。その後は住所不明となっており、肉親とも音信不通状態で、群馬県では偽名で暮らしていた。つまりは、長期にわたって偽名で暮らしていた女性が、足取り不明のまま九州に来て殺害された、ということになる。なるほど怪事件であった。謎は謎を呼び、マスコミも注目した。

〈40年前から不明の女性、宮崎の川に他殺体　群馬で偽名生活〉（「朝日新聞」一九九八年五月三十日）

遺体は宮崎で発見されたが、「殺害現場」がわからないため事態は混迷を極めた。

〈40年間、彼女は何を…ナゾ多い宮崎行き――〉〈「いつ、だれと、どんなルートで、なぜ身寄りのない日南市内に来たのか」という点もナゾだ〉〈宮崎まで空路を利用したとの見方を強めているが、搭乗者名簿に本名、偽名とも該当者は見つからない。一方、群馬県警は「太田市内で、ら致や殺害して、わざわざ宮崎まで運ぶ意味はあるのか」と県内で事件に巻き込まれた可能性は低いと見る〉（「毎日新聞」一九九八年六月四日）

私は単身宮崎へ飛んだ。また、『ＦＯＣＵＳ』の後輩である原山擁平記者が群馬県に向かい「捜索願い」を出した知人男性の古河さん（仮名）の取材を担当することになった。

宮崎県の南に位置する日南市――。

市の中央を流れる酒谷川《さかたにがわ》、その浅い堰に遺体はうつぶせでひっかかっていた。女性は、幾何学模様の派手なシャツを着て、靴は片方が脱げた状態。堰の七百五十メートル上流では、水没していたルイ・ヴィトンのバッグが発見された。別の場所からは同じブランドの財布も発見されたという。

取材を続ける地元記者に話を聞いた。

「散歩していた犬が、飼い主の所に財布をくわえて戻ってきた。だからどこに落ちていたのか正確にはわからないのですが、財布は濡れていなかった。つまり〝犯人〟が札を抜き取って河原に捨てたと見られているんです」

どうやら「強盗殺人」という見立てもあるようだった。

取材中、群馬にいる原山記者から頻繁に電話連絡が入る。地方に支局やネタ元を持たない我々だが、そのメリットがないわけではない。いちいち情報を本社やデスクに通すような大組織と違って、直接見聞きした情報を記者同士で細かく擦り合わせることができる。原山記者は狙い通り「捜索願い」を出した古河さんに、食い込むことができた。

それによると、古河さんと死亡した和子さんは、いわゆる愛人関係だったという。

当然ながら警察は当初二人の関係に注目する。しかし彼にはアリバイがあった。古河さんが和子さんの失踪届けを出したのは、五月十九日。和子さんの死亡推定日時は、その後の五月二十一日昼頃。つまり届けを出した時に和子さんは生きていたことになる。

これで古河さんは〝シロ〟になった。

古河さんは和子さんにマメに電話していたという。

「あの日は電話に出ないので、翌日にアパートに行ったんです。部屋の様子は特にいつもと変わりがなかったんですが、彼女と飼っていた猫がいなくなっていた」

部屋には一枚の書き置きがあった。

〈猫のタロウを探しに行きます〉

いよいよ、〝謎〟が深まってきた――。

和子さんは十七日、近くの銀行で預金四千円を下ろしていた。幾何学模様のシャツを着た姿が防犯カメラに残っていた。

「あの服は彼女の好きなよそ行きのものでした。ヴィトンのバッグも財布も、彼女が昔から大切に持っていた古いものです」

私は、酒谷川流域をレンタカーや徒歩で動き回った。いつものように現場を可能な限り観察したのだ。

遺体の発見場所は、東光寺橋という橋の少し上流だった。バッグや犬が財布を見つけた地点を確認しては、地図に書き込んでいった。バラバラに発見された遺留品も、広い流域全体から見れば近接する場所である。

川は浅く、遺体が上流から長い距離を流れてきたとも考えられなかった。ならば遺体遺棄現場は近いはずだ。人を一人運んで川に落とすというのはかなりの重労働であり、思う程に簡単ではないからだ。また、水辺までは樹木が多く足場も悪い。

水辺に近づき難いのならば、女性は橋から捨てられたのではないか。

そう仮定し、今度は流れの状況をよく見ながら川を遡行した。すると「山瀬橋」という橋ならば、遺体が発見された堰まで人体が流れ着く可能性がありそうだ。その橋上から川面をのぞき込むと、水深は浅く、左右はコンクリートの護岸だった。

橋の上からの風景

しかし別の謎が残る。

和子さんが長く偽名を使って生活していた理由がわからない。

全ての〝謎〟を解く鍵は、このあたりにありそうだった。

彼女は宮崎県内で結婚生活を送っていたことがあるという。それ以前には鹿児島県で別の男性と籍を入れており、子供も産んでいた。二度の結婚の裏には、どのような事情があったのだろうか。それが、偽名生活の謎を解くヒントになるかもしれない。

彼女の肉親を探し当て、話を聞くことができた。

最初の躓きは、月賦販売の仕事が行き詰まってしまったことだという。

「昭和二十七年の春先、生活苦からか商売の資金を作るためか、共同経営者だった人の冬物のオーバーを質屋に入れてしまったんです。この人が警察に告訴して、和子は逮捕されてしまった」

軽微な犯罪ということで不起訴になったが、その後彼女は離婚する。娘を夫に預けて姿を消したのだ。別の親戚の一人は言う。

「彼女が偽名を使って生きてきたのは、窃盗事件に対しての自責の念が強かったからだと思います。田舎はやっぱりそういうことにこだわりますから。きっと一生、このことを隠し通そうと考えたのでしょう。二度の結婚に失敗し、子供も手放して可哀想な人生だったと思います」

かつて和子さんが暮らしていたという、鹿児島県の家を訪ねた。

山深い谷に沿って建っていた古い家。そこには今はもう誰も住んでおらず、荒れ果てていた。和子さんはこの部屋で乳飲み子を抱いていたのだろうか。そんな普通の生活は、たった一度の過ちをきっかけに「偽名人生」へと転げ落ちていった。

理由あって離れた故郷。そこに戻った彼女が、たまたま殺人事件に巻き込まれた、というのが〝真相〟なのだろうか。

何かがおかしい。

本当に〝犯人〟などいるのだろうか。そもそも、これは〝事件〟なのだろうか。

根本的な疑問を拭えぬまま、私は九州を後にした。

編集部に戻った私は、自分なりに分析して結論を出した。

「状況から〝事件〟ではないと思う。自殺の可能性が高い」とデスクに報告した。

群馬県の古河さんもこう答えていた。

「彼女は保険証を持っていなかったんです。それで私は『六十歳以上の人は医療費が安いんだから保険証を取りなさい』と強く言ったんです。『天涯孤独はわかるけど、役所に相談しなさい』と。それで宮崎に帰ったのかなとも思います」

そしてぼそっとこう付け加えた。

「自殺かなと考えてしまう。僕の一言が彼女を追い詰めてしまったのかもしれない。これでは偽名で生きて行けないと……」

お気に入りの服を着て、大切にしていたブランド品を持って戻った故郷。その地で自ら死を選んだのではないか。遺体が水を飲んでいないのも、肋骨が折れているのも、「山瀬橋」からあの浅い川に飛び込めば、不思議ではない。

もう一つひっかかっていたことがあった。

それは「山瀬橋」からの風景だ。現場周辺と彼女の足跡を何度も行き来した私は気がついた。かつて幸せだった頃に彼女が住んだあの家は、行政上は鹿児島県に属するが、その場所は宮崎県との県境に近く、川の上流にあたるのだ。

橋の上に立てばわかる。

自分の子供が住んでいるかもしれない、山間の故郷を遠く眺めることができる場所。そこが「山瀬橋」だったのだ。一度も帰ることが叶わなかった故郷を、彼女は最後にひと目でも見たかったのではなかろうか。

そんな場所で、たまたま強盗になど遭うものか。

『ＦＯＣＵＳ』（一九九八年六月二十四日号）は、他殺説を弱め、自殺の可能性を示唆する記事を掲載した。

それから二ヶ月後、八月後半のことだった。

宮崎県警はこんな発表を行った。私はそれを新聞記事で目にした。

〈宮崎県で変死の女性「自殺の疑い濃厚」 共同捜査体制を解散〉(「朝日新聞」一九九八年八月二十七日)

〈その後の調べで、遺体発見現場の約1キロ上流の山瀬橋(高さ約10・7メートル)真下の消波ブロックにコケがはがれた跡があり、同じコケが(略)衣服の左わき腹に付いていることを確認した。同橋からダミー人形を落とす実験の結果、同程度のアザが左わき腹についたことなどから……〉(「毎日新聞」一九九八年八月二十二日)

これは、最初に警察が他殺と断定したために、大騒ぎになったケースと言える。だからといって私は、捜査を批判するつもりは毛頭ない。他殺を簡単に自殺と処理してしまうケースよりは、はるかにマシだからだ。

現場には必ず何かがある。

大事なのは、それに「気づく」ことができるかどうかだ。

第十章　誰がために時効はあるのか——野に放たれる殺人犯

逮捕を潰した「エゴスクープ」

この章では、私の嫌いなものについて書かなければならない。

公訴時効である。

殺人罪や強盗殺人罪といった「死刑にあたる罪」の時効（公訴時効）は十五年——。

私は刑事訴訟法のこの条文が嫌いだった。

小説やドラマならいざ知らず、現実に起こった事件で、人の命を奪ったあげく「逃げ切ればチャラ」になるなんて。これでは、国が犯罪者にプレゼントした自由への砂時計ではないか。他人の一生をプツリと断ち切ったあげく、「はい、お時間です」と許されるのならば、そりゃあ逃亡する人間も現れるっていうもの。なぜこんな理屈がまかり通るのか。納得できなかった私は、時効という怪しげな〝妖怪〟を退治しようと、雑誌やテレビで時効に関連する事件をずっと報じ続けてきた。

中でも忘れられないのは「城丸君誘拐殺人事件」だ。

事件は、一九八四年に北海道札幌市で発生した。

雪がちらつく一月の朝、城丸秀徳君（当時9）が、自宅にかかってきた電話で呼び出され、そのまま消息を絶った。近所のアパートに住むホステスK子の部屋付近で最後に目撃され、女の関与が疑われたものの立証できなかった。

ところが四年後、K子の嫁ぎ先が全焼する（夫は焼死）。その際、焼失を免れた隣の納屋から、子供の遺骨が発見されたのである。状況から秀徳君ではないかと考えられたが、当時の鑑定技術では人物を完全に特定することは難しかった。

K子は警察に呼ばれ、事情聴取を受けるが逮捕には至らなかった。

担当した捜査員から詳しく話を聞いた。

「血液型も秀徳君と一致して、女の嫁ぎ先から遺骨が出たんだから、本人の話を聞くしかない。それで任意で事情を聞いてたんさ。したっけ『明日、全てお話しします』って、そう言ったんだ。『私が話せば、事件は解決する』ってさあ。それでその日は、一旦家に帰した」

K子は自分のアパートに戻った。

捜査員は近くに覆面パトカーを止めて、万一の逃走に備え張り込んだ。ところが未明になって道警本部から連絡が入る。ある全国紙が朝刊で捜査状況を大きく報じたのだ。そこには〈捜査足踏み1週間〉〈核心点、聴取拒否の壁〉という見出し。そして〈事件解明の糸口は元ホステスの供述にかかっている〉とまで書かれていた。

「慌てて駅まで新聞を買いに行った。本人がゲロるかどうか一番微妙な時だってのに、捜査の手の内を全部書かれて、もう真っ青だった」

逮捕できるか否かは自供次第、とも読める記事。よりにもよってK子が取っていたのはその新聞なのだ。捜査が山場を迎えていることや、被疑者が自社の新聞を取っているということを知らずに書いた記事としか思えない。これこそが、早さを競う「エゴスクープ」の最悪の例だ。捜査員はとにかく、K子が新聞を読まないでくれることを祈るしかなかったという。

「任意同行の時間は午前十時。ドアのポストにはすでにその新聞が差し込まれている。いっそ新聞を抜いてしまいたかった。けれどアパート前にはマスコミもいたっしょ。放っておくしかない。したら、忘れもしないあと十分という時だ」

バタン！と音を立てて、その新聞は室内へと消えた。近くで見ていた捜査員は危うく声を出しそうになった。慌ててドアをノックした。

「姿を見せた彼女はスーツ姿だったんですよ。子供も母親に預けて、出頭する準備をしていたとしか思えない」

捜査員の目には、テーブルの上に広げられた新聞が映った。

「彼女はこう言ったんさ。『新聞を見たら考えが変わった。話せないね』」

この日を境に、K子は黙秘を貫いた。「何も知りません」と繰り返し、結果、放免されたのである。

道警はそれでもあきらめなかった。

九八年、DNA鑑定により納屋から見つかった遺骨が城丸君であると断定した。そして殺人罪の公訴時効成立約一ヶ月前に、K子を逮捕したのである。まるでドラマのような時効直前の逮捕劇に現場は沸いた。

だが、K子は取り調べ室でも法廷でも多くを語らず、容疑を否認したまま沈黙を続けた。検察官や裁判官の質問に対して、「お答えすることはありません」とだけ繰り返した。結局、城丸君との間で何があったのか、それを解明することはできなかった。

二〇〇一年の札幌地裁の判決はこうだ。

〈被告人の行為によって城丸君が死亡した疑いが強いが、殺意があったかどうかは疑いが残る〉

刑法一九九条の「殺人罪」は、確定的殺意または未必的な殺意を証明できなければ成立しない。だが裁判所は、「被告人の行為で死亡した疑いが強い」と認定している。ならば二〇五条の「傷害致死」では裁けないのか。ところがこちらの時効は七年なのだ。つまり、逮捕時点ですでに時効が完成していたのである。

こうしてK子は無罪放免となった。

検察は控訴するも、札幌高裁は棄却。上告は断念され、K子の無罪が確定した。

〝無実〟ではないが〝無罪〟。

判決を平たく言えばこうなる。

「被告は何らかの方法で秀徳君を殺したが、殺意の有無がわからないので結局は時効です」。なんという情けない判決か。呆れるしかない。晴れて〝無罪〟のお墨付きをもらったK子は、逮捕拘留された「刑事補償」として九百三十万円もの金を手にし、姿を消したのである。

判決確定後、刑事は私に言った。

「俺はね、今もあの記事さえなければ、彼女は自供して、パクる（逮捕）ことができたと信じているよ」

刑事は腕を組んで顔を歪めた。「エゴスクープ」が犯人に味方することもあるのだ。

この結末に遺族が納得できるわけがない。

「難しいとは思ってましたが、まさかこんな判決理由で無罪になるとは思わなかった」

秀徳君の父、城丸隆さんは無念そうに訴えた。

「重大な事件を起こした人に、期限が来たから自由ですとは、本当におかしいですよ。遺族には時効なんてないんです。秀徳がお骨になって、彼女は自由に生きている。空しい。言葉にできない感情でしょうか……。なんで時間が経ったら、人を殺した人が許されるのか」

つぶやくように言った城丸さんは、一枚の写真を見せてくれた。いつも財布の中に入れていた秀徳君の写真だ。すでに角が取れて丸くなり、はさみで整えているうちに次第に小さくなってしまったという。その写真の笑顔は私の心を刺した。

時効が存在する理由

あの頃からだ。本気で公訴時効を潰してやりたくなったのは。

私はその不条理を報じ続けた。

当初は周囲の関心も薄かった。「法律だから仕方ない」という雰囲気が強く、未解決事件の遺族ですら「仕方ないんじゃないでしょうか」と諦めている人もいた。

しかし法律とは人間が人間のために作ったものだろう。「おかしい」と思えば変えればいいし、必要なら追加、不要ならば削除すればいい。日本の刑事訴訟法は百年以上、ほとんど変わっていなかった。さらに先進国の多くは、重大事件に時効はなく、あってもすでに廃止されていたことが調べるとわかった。

そもそも時効の存在理由とは何だろうか——。

取材を続けたが、その理由がはっきりしない。法務省は私のようなバッタ記者の取材を受けないし、六法全書をひっくり返してみても、公訴時効の「理由」など書かれちゃいない。法律の専門家に尋ねてみたが、明確な回答は出てこない。

「時間の経過により証拠が散逸する」とか、「犯罪者も逃亡を続けたことで一定の裁きを受けた」といった、理屈とも言えぬ理屈が並ぶだけだ。「証拠は散逸させなければよい」のであって、「一定の裁きを受けた」に至っては論外である。何より許せなかったのは、「時の経過により遺族の処罰感情が薄れる」という文言だ。

ふざけるな。

そんな遺族に私は会ったことがない。

被害者遺族が中心となって立ち上がった「全国犯罪被害者の会」。設立の中心となった岡村勲弁護士にも取材した。岡村氏は、自身も妻を殺害されるという事件の遺族であり、犯罪被害者をめぐるさまざまな矛盾に直面して、会の設立に奔走した人だ。

氏は「公訴時効」の存在理由についてこう説明してくれた。

「結局は、全部国のためだと思いますよ。いつまでも古い事件の捜査などできない。そういう都合なんですよ。早く楽になりたいと。それを社会の処罰感情が薄れたとか、さも遺族の意見のように言う。証拠の散逸なんて、まさに国の都合です」

なるほど。

私はようやく時効の存在理由に納得した。と同時に、やはりそんなもの無くなってしまえばいいという思いを強くした。

時効撤廃

それからも公訴時効の問題を繰り返し報じた。やがて一部の新聞などでも、同様の問題が取り上げられ始めると、次第に風向きは変わっていった。

二〇〇五年一月一日に施行された刑事訴訟法の改正により、死刑に当たる罪など重大犯罪の時効は、十五年から二十五年へと延長になった。それでも私に言わせれば、逃亡期間が延びるだけである。求めるのはあくまで時効の〝撤廃〟だ。

そして同時期に、この「時効延長」をあざ笑うかのような事件が発覚した。〇四年八月。東京の足立区の家の床下から女性の遺体が発見される。それは二十六年前に行方不明となっていた、小学校の女性教師・石川千佳子さん（当時29）の変わり果てた姿だった。同じ学校の警備員だった男が千佳子さんを殺害し、自宅に運んで床下に埋めていたのだ。男は家の周囲を鉄条網で囲い、監視カメラまで取りつけて、時が過ぎるのを待っていた。

そして延長となった二十五年である。

時効が成立したのを待って、男は警察に出頭した。街の区画整理により自宅が解体されることになり、遺体の発見は時間の問題と考えたからだ。〈千佳子さんを埋めた時、自分が黙っていれば、完全犯罪だと思った〉。男はそう供述したという。もちろんこの男が逮捕されることはなかった。

後日、引っ越し先の家でのんびり暮らす男に、日本テレビの記者が取材を試みた。帽子を深く被り、犬の散歩をする男に記者が話しかける。そのシーンを遠くからカメラが追った。男は持っていた太い杖を真上に振り上げ、記者を追いかけ激しく威嚇する。そして最後に何か言った。編集ブースでそのテープを繰り返し再生して、音声を解析すると、男はこう言っていた。

「ぶっ殺すぞ！」

よくもそんなことを言えるものである。これもすべて時効が悪いのだ……。

北海道小樽市。親指大のぼたん雪が降り続く坂道を登る。私は、被害者千佳子さんの弟、石川憲さんと雅敏さんを訪ねた。

玄関を入った部屋の一角に、額に収められた千佳子さんの写真が飾られていた。さらに、絵が好きだったという千佳子さんが、小樽の農家を描いた絵葉書があった。

「殺して、床下に埋めて、その上に掘りごたつを作って姉さん踏みつけて。許せないですよ。事件そのものがわからないのに、そのまま時効ってそんな馬鹿なことありますか」

憲さんの声が震える。

千佳子さんの遺品を見た。化粧ポーチは朽ち、鮮やかな緑色だったはずの銀行のキャッシュカードは変色していた。いずれも男によって千佳子さんの遺体と一緒に埋められていたものだ。二十六年という時間はあまりにも長かった……。

私は、取材したいくつかの時効事件をまとめ、ドキュメンタリー番組を制作した。オープニング・タイトル用に錆びた手錠を撮影し、「時効・法に守られる殺人者」というスーパーを載せた。夜中の番組だったが、反応は小さくはなかった。

その後も千佳子さんを殺した男は、平然と暮らしていた。

刑事事件がだめならば民事訴訟はどうか。ところが千佳子さんの事件は、不法行為後二十年の除斥期間を過ぎているため、民事でも時効となる可能性が濃厚だった。それでも石川兄弟は、東京地裁に男を提訴した。

しかし、一審はあっさりと敗訴。

いったいこの国はどうなっているのか――。

石川兄弟と私は、法廷を背にしながら一緒に毒づいた。

だが、東京高裁は一転、地裁判決を破棄して男の責任を認めたのである。やっとまともな判決が出たのだ。そして二〇〇九年、最高裁も男に対して損害賠償責任を認め、約四千二百万円の支払いを命じた。最高裁で裁判官は、男によって遺体が隠匿されていた期間を、除斥期間として認めることは、正義・公平の理念に反するとしたのである。刑事事件としては裁けなくても、民事責任はあると判断したのだ。

こうした流れを受け、二〇一〇年四月の刑事訴訟法改正で、ついに「人を死亡させた罪で、最高刑が死刑に当たる罪」については「公訴時効」が廃止となった。

第十一章　直当たり——北海道図書館職員殺人事件

行方不明

テレビジョンの語源は、「Tele + vision」、つまり「遠くのものを伝える」という意味があるらしい。波浪を全身に浴びんばかりの場所で、リポーターがマイクを握る台風中継。過剰な演出はどうかとも思うが、「自分で見たことを伝える」という意味では、テレビ報道のスタンダードな姿ということになる。

とはいえ、取材するにあたって記者が、全ての「現場」に立ち会い、直接見聞できるわけではない。事故を起こした原発には近づけないし、政治家たちが料亭でどんな話をしているかもわからない。殺人事件現場に踏み込むことも不可能だ。そこで「捜査関係者によれば、現場から凶器が発見されたという」などの「○○によれば、○○だという」スタイルの報道にならざるを得ない。ところがその情報源自身も実は「現場に行っていない捜査幹部」だったりするから恐ろしい。

ある事件で、逮捕された容疑者の顔写真を記者が探してきた。「面確」と言うのだが、写真が間違いなく本人であるか否か、裏取りしなければならない。記者はそれを捜査幹部に見せて確認を取った。「間違いない」と言われて安心して報じると、実は別人だった……、という笑えないケースもあった。なぜこんなことが起こるのかと言えば、理由は単純。その幹部が直接その容疑者に会っていなかったからだ。

やはり自分で見たこと、聞いたことをベースにする「直接取材」と「裏取り」こそが報道の生命線なのだ。

本章で取り上げる殺人事件は、発生当初は「事件ではない」という声すらあがっていたケースだ。取材を進めることで次第に「事件の外形」が浮かび上がり、その犯人と思える男に直接の取材、つまり直当たりした。

取材開始のきっかけは、一人の女性の「行方不明」だった。

日本テレビの境一敬ディレクターが、私のもとへ資料の束を抱えてやって来たのは二〇一二年五月のことだった。九ヶ月前から、北海道滝上町《たきのうえちょう》で図書館の臨時職員・工藤陽子さん（当時36）が姿を消したままだという。ネット上では、「家出だ」「駆け落ちではないか」といった憶測が流れていた。

両親など関係者にも電話取材を試みた。話を聞けば聞くほど、私には何らかの「事件」に巻き込まれたとしか思えなかった。

境ディレクターと二人、オホーツク紋別空港行きの飛行機に乗り込んだ。

滝上町の丘の上には、有名なピンクの芝桜が咲き乱れているものの、風はまだ冷たい。陽子さんはこの街の借家で一人暮らしをしていたという。

我々は、両親が住む実家を訪ねた。

青いとんがり屋根の家、庭にはやはり可憐な芝桜が植えられていた。彼女の帰りを待ち侘びるご両親と愛犬の柴犬に挨拶する。

取材は三時間に及んだ。

「失踪ではなく、何らかのトラブルに巻き込まれたんだと思います」

父親の真作さんは言った。あらためて写真の陽子さんを見れば、父親似のようだった。インタビューの途中で、愛娘の身を案じて涙ぐみ何度か絶句する。

「今までの娘の状況とか、生活などを含めて考えても、自分から失踪するなんて、いっさいないと思ってます」

肩を並べて取材を受けてくれた母親、トヨ子さんも家出を否定した。

「娘の性格で自分からいなくなることは考えられないです。どこへ行くにも行き先を告げて行くし、旅行でもまめに連絡してくるんです。でも、もう九ヶ月にもなります。こんなに長いこと音信不通なんてありえません……」

陽子さんが姿を消したのは、前年の八月十四日のことだった。

その日陽子さんは、仕事帰りに実家に寄って両親と夕食を取る予定だった。食後は友人と会う約束をしており、その友だちにメールを送っていた。

〈夜、うちに来てもらっても大丈夫よ〉

〈あと二時間ほど、仕事頑張りま～す〉

母親は、オムライスと付け合せの野菜を皿に盛りつけ、娘の帰りを待っていた。

しかし、仕事が終わるはずの午後六時を過ぎても娘は帰って来ない。携帯電話は呼び出し音が鳴るだけ。その日の図書館は、陽子さんが一人で勤務していたという。心配した両親が図書館まで様子を見に行くと、すでに室内の灯りは消えており、扉は施錠されていた。薄暗い駐車場には陽子さんの小型車だけが、ぽつんと一台。

娘はどこに行ってしまったのか――。

翌朝、建物の管理人に通用口の鍵を開けてもらったが、人影はない。陽子さんの携帯に電話をかけ続けると、図書館の奥にある作業室の机の上でそれは振動していた。病気をした両親といつでも連絡が取れるように、必ず身につけていた携帯電話のはずだった。

話が謎めくのはここからだ。

陽子さんの所持品が、町外れの道路脇から発見されたのだ。図書館から北西におよそ六百メートルの歩道の脇で、弁当箱と室内履きにしていたサンダルが、また北東におよそ一・五キロの場所では、財布や車のカギなどが入ったバッグが見つかった。一方、日頃図書館で彼女が使っていたエプロンは消えている。

私は、陽子さんの友人や同僚などから事情を聞き、図書館や駐車場、遺留品発見現場などに通って観察する。地図にポイントを書き込み、検討を繰り返した。

現場を丹念に見て行けば、いくつもの矛盾が浮上する。

車を残して陽子さんは消えたが、その時間にはすでにバスなどの公共交通手段はなかった。タクシーに乗った様子もない。小さな街でタクシーに乗れば、目撃情報があるはずだ。しかも彼女の財布はバッグと一緒に見つかっている。歩いて移動することは考え難い。細かい状況もおかしなことだらけだ。大事な携帯は館内に残っているが、ロッカーにあるべきバッグは外で見つかっている。それらの遺留品は、何者かが車の窓から投げ捨てたような状態だった。

状況分析

裸電球が揺れる紋別市のうら寂れた居酒屋。

私と境ディレクターは、擦り減った畳の上に胡座をかいて向き合っていた。皿からはみ出すほど大きなホッケの開きを間に置いて、小声で推理を続けた。

「重要なことはさぁ、図書館に鍵が掛っていたことだ」

「鍵を持つ人は少ないですよね」

「すぐに見つかる遺留品の捨て場所も変だろう？」

私はホッケを地図に見立て、割箸の先で線を描く。ホッケの目が図書館で、尻尾が遺留品発見現場だ。

「図書館からわざわざ幹線道路を隔てた反対側だ、しかも誰からも見える歩道に、わざわざ『ここで事件が起きました』と言わんばかりに捨てるかよ」

「目的は何ですかね？」

「そりゃあ図書館から目を遠ざけたかったんだろう」

「陽子さんは図書館を出た後で行方不明になった、としたいんですね？」

「たぶんそんな絵を描きたかった人物の仕業だろうよ。それにエプロンが見つかっていないということは、彼女は仕事中に何らかのトラブルに巻き込まれた可能性が高いな」

「誰の仕業ですかね……」

ビールをちびちびやりながら、話題は核心へと雪崩れ込む。

「手口から、犯人は男だな」

「で、彼女のロッカーの場所を知っているやつですね」

「そうだ。だが携帯が置かれた場所までは気がつかない、そんな距離感の男だろう」

「なぜ車は残してあったんでしょうか？」

「彼女の車を運転しているところを見られたら、一発で致命傷となる男なんだよ。つまり顔見知り……」

これら全ての条件を満たす人物は、私の脳内メモの中には一人しかいない。

肝心の北海道警の捜査はどうなっているのか。

残念ながら、私は雑誌記者時代から道警とは相性が悪い。その昔、道内の所轄で取材を申し込むと「札幌の道警本部に来い」と言われ、吹雪の中を遠路はるばる訪ねて行ったこともある。その結果は「取材拒否」。出てきたのはお茶だけ、なんてことが、たびたびあった。

　ホテルに戻った私は、知り合いの道警担当記者の何人かに電話をかけてみた。すると、驚くべき言葉が飛び出した。

〈道警の話では、どうやら事件ではなく、ただの家出らしいんですよ。実は彼女は、家族とうまくいってなかったらしいんです〉

　なんなんだそれは？

「家出と言っても、車は残ってるし、財布も持ってないよ」

　私が疑問をぶつけると、こう続く。

〈彼女、タンス預金があったみたいなんですよ〉

　複数の記者たちの口から見事に同じ話が飛び出した。「タンス預金」なんて日常あまり使われないであろう文言まで一緒である。その記者たちは通常は札幌や旭川をベースにしており、滝上町の現場には一度も来ていないと言った。逆に、なぜ今頃になって私がこの家出の取材をしているのか不思議がった。

家出……。そんなはずはなかった。

ホテルのベッドの上に携帯を放り投げた私は、部屋のカーテンを開けた。

暗いオホーツク海で赤い灯台が明滅している。港では漁船がゆっくりと波に揺れていた。

「タンス預金」という言葉が、頭の中で反響する。警察の情報操作か、あるいは本当にそう信じて道警は事件を投げたのか。こんな情報が跋扈しているようでは、捜査の進展など望むべくもない。

しかし、現場を丁寧に取材していればわかる。

工藤さん一家の家族関係が良好であることは明らかだ。両親に直接話を聞いていけば、話に破綻はないし、そもそも嘘をつく理由もない。現場を細かく見ても、全体の不自然さは一目瞭然ではないか。これは紛れもなく〝事件〟である。そもそも「タンス預金」という言葉が気にくわなかった。なぜこの言葉が捜査機関から出たのか。つまりそれは陽子さん行方不明後、本人が金融機関で預金を引き下ろしていなかったということを警察が確認したということだ。一文無しでどうやって生きていけよう。

かえって危険信号ではないか。

冷えきった窓ガラスに小さく息を吐いた。

「自分からいなくなることは考えられないです……」

母親トヨ子さんの小さな声が頭蓋に響く。

直当たり

翌日から、私は現場に通って取材を詰めていった。「家出説」に納得がいかなければ、それを覆すものを探し出すしかない。取材を続けると新たな情報に突き当たった。

陽子さんが行方不明になった数ヶ月後、遺留品発見現場近くから別の重要な物が見つかっていたのだ。それは一枚のフロッピーディスク。ケースには陽子さんが好きな犬のキャラクターシールが貼られていたという。内容は、陽子さんの日記のようなものだったらしい。そして、そこには一人の男の名前が残されていた。

その名前は、私の脳内メモと合致した。

図書館の管理人。

陽子さんが帰宅しなかった翌朝、ご両親と友人に請われて図書館の鍵を開けた、四十がらみの男である。

周辺取材では、こんな話も聞いていた。陽子さんが行方不明になる前、図書館では異変が続いていたという。ある日、彼女のバッグの中にあった自宅の鍵が消えてしまう。その夜、彼女が合い鍵で家に戻ると、玄関に揃えて置いてあったはずのスリッパが乱れていた。また、閉めて出かけた部屋の内扉も中途半端に開いている。何者かが部屋に侵入した形跡としか思えない。陽子さんはその頃から管理人に疑念を抱き、フロッピーに記録していたのである。

取材によって傍証を固めた私は、管理人に対し「直当たり」をすることを決めた。警察が〝事件〟と判断しているならば、犯人の逃亡などにつながる直接取材は慎重にせざるを得ない。前章の城丸君殺人事件のケースでも明らかである。しかし警察が「家出」と判断して、捜査すらしていないのなら話は別だ。すでに行方不明になってから九ヶ月間も放置されているのだ。私は、カメラを構えた境ディレクターと図書館の窓口に座る管理人を直撃した。あくまで慎重に。

「日本テレビですが……」

インタビューの糸口は、心配しているはずの同僚への取材という形だ。

管理人は「なぜ私に聞くんですか」と駄々をこねるが、私は「皆さんから聞いているんですよ」とかわして、胸にピンマイクを付けてしまう。

男はまごつき、顔を引きつらせながら渋々と口を開く。

「一日でも早く、元気な顔を見せてくれるっていうのが、一番なんですけれども」

「これは事件ではないんですかね」などと私は、とぼけて当てていく。

「警察が捜査しているっていうのは、わかるんですけど、内容も何も聞かされていないので」

「あなたも疑われ大変だったのでは」と、ジャブを繰り出せば、「まあ身近にいますからね」と返事。何も知らないふりを装って、図書館の案内を求めた。彼女が行方不明になった翌朝、管理人が鍵を開けた通用口の場所を聞く。

「今は、この扉は閉鎖してるんです」と、廊下に立ってガラスの扉を指差した。すぐ隣の小さな管理人室をガラス越しにのぞけば、そこには大きな袋に入った除草剤が置かれていた。

行方不明前後の疑問を積み重ねていくと、次第に男の言葉は意味不明になっていく。

「普通は、ああいうことをしたら、誘拐みたいだったらね、こういうことはしないと思うし……」

うん？　ああいうこと？　彼女は「行方不明」ではなかったのか？

私はストレート・パンチを繰り出すことにした。男のアリバイの有無だ。

「ところで……、あの日、あなたはどうしていたんですか？」

あくまでさりげなく尋ねたその質問は、彼のどこかにヒットしたのか、一瞬宙に目を泳がせた。

「……実家があるので、実家に行って……、帰ってきたっていう感じなんですけど」

それは妙ですね。私は胸の奥で呟く。この管理人はこれまで「当日はきのこ狩りに行っていた」と答えていたはずだ。証言が揺れ動いてるぞ。

さあ答えろ！　彼女をどこへやった？　犯人はお前だろう！

とどめとなるアッパー・カットを繰り出す誘惑に耐えて、私は男へのインタビューを終えた。

その足で、所轄の紋別署に立ち寄り、名刺を切ってダメ元で取材を試みる。予想通り、結果はいつもと同じ。「事件、事故の両面を視野に入れ、捜査してます」という、判で押したようなコメントをもらって帰る。例のごとく夜回りなどの非公式な取材では「家出だよ」などと囁いて、都合よくメディアを利用するが、正面からの取材となるとロクに応じないのだ。

取材から三週間後のことだった。

管理人の小谷昌宏（当時41）は、突然逮捕された。

〝家出〟と説明していた警察が、発生から十ヶ月目に突然男を連行したのだ。任意同行に応じた男は「職場で口論となり、工藤さんを殺害して埋めた」と犯行を自供したという。私の取材が、警察の動きに関係したのかどうかはわからない。

供述どおり、図書館からおよそ二十五キロ離れた上紋峠付近の山林から、白骨化した陽子さんの遺体が見つかった。犯人しか知り得ぬ「秘密の暴露」だ。遺棄現場は図書館から見ると、遺留品が捨てられていた場所とはやはり逆方向であった。近くからは彼女のエプロンも発見された。

悲報が届いた夜、陽子さんの父親真作さんは涙しながら報道陣の前に立った。

「これからは、声も聞けない。姿も見られない。非常に残念でならないですね。仇討ちがあるんだったら、本当に仇討ちしたいです」

事件当日は非番だった小谷。彼はなぜか管理人室へ除草剤を取りに行ったという。そこで工藤さんと顔を合わせ、口論となり、カッとなって陽子さんの首を絞めたと自供した。道路際で発見された遺留品については、捜査を攪乱するために捨てたと話したという。

二〇一三年二月、小谷の懲役十八年が確定する。だが結局は、動機も詳細な事件経緯もはっきりとしないまま裁判は終わった。加害者だけの言い分しか出てこない状況では、真相は闇のままだ。

私は、直当たりした管理人のビデオ映像を繰り返し見た。

モニターの中には、殺害現場の上に平然と立ち、インタビューに応じる男がいた。

それは全力の嘘で私を騙そうとする犯罪者の姿だった。


判決が確定してから一ヶ月後のことだった。

陽子さんの両親が立て続けに世を去った。

お二人とも病に侵されているとは聞いていたが、まるで娘の後を追うかのようなタイミングで……。

事件と娘の死は、二人の身体にどれだけの負荷をかけたのだろうか。あの時のインタビューで、母親のトヨ子さんはこうも言っていた。

「病気で死ぬのは仕方がない、でも人の手によって命をなくされるということだけは許せないです」

子供が先に逝く——。

そんな人生を親は思い描きはしない。だが、陽子さんの両親は、すでに最悪のことまで想定せざるを得なかったのだ。だからこそ私の取材に「家出ではない」と強く訴えて、真相の究明を求めたのであろう。

しかし、〝家出〟であってほしいと、誰よりも切に願っていたのは、実は両親だったのではなかったか。家出だろうが何だろうが、生きてさえいてくれれば良かったのだ。

芝桜咲く、青いとんがり屋根の家。

そこには三人の家族はもういない。

被害者、そして遺族までも。

第十二章　命すら奪った発表報道――太平洋戦争

調査報道は、進行中の事象を扱うだけではなく、時間を遡って取材をすることもある。これから紹介する太平洋戦争の取材では、実に六十年もの時を遡ることになった。

戦争における「発表報道」とは、つまり悪名高い「大本営発表」である。

大本営詰めの記者たちは「連戦連勝」と記事を書き、嘘が紙面を飾りラジオでも流れた。そうした報道を真に受け、「お国のために」と不帰の戦地へと送り出された若者も多い。世が世ならば未必の故意による殺人罪か教唆にあたるほど罪深いものである。

国家という利害関係者からの「発表」による事実の隠蔽や歪み。それは時に多くの命まで奪っていくのである。

あなたのマフラーになりたい

鹿児島県薩摩半島の南端に裾野を広げる開聞岳《かいもんだけ》。

別名「薩摩富士」とも呼ばれるその姿は、まさに霊峰富士を思わせる威容を誇る。かつてこの山に祖国の面影を抱きながら、死地への旅に出て行った男たちがいた。

彼らは「特別攻撃隊」と呼ばれた。

太平洋戦争末期、連合軍に追い詰められた日本軍は、戦闘機に二百五十キロもの爆弾を搭載し、人間もろとも敵艦に突っ込ませるという、文字どおり〝必死〟の攻撃によって反撃を試みた。国から爆弾の代わりにされた人たちの人生とは、どのようなものだったのだろうか――。

戦後六十年目にあたる二〇〇五年、私はこの特攻隊の取材にあたった。その残酷さを何かの形で伝えたかったからだ。若き特攻隊員が残した遺書や、生き残った隊員の話など、これまでも数多く関連の書籍や番組があった。けれど私が知りたかったのは、特攻によって引き裂かれた恋人や夫婦の話だった。はたして彼らはどんな想いを抱え、操縦桿を握りしめ死地へと向かったのか。残された彼女たちは、今までどのようにして生きてきたのか。戦後から六十年。直接取材ができるタイムリミットも近づいていた。

取材するならば、これまでメディアに登場していない人の話を聞きたかった。そんな制約下で関係者を探していると、日本テレビの系列局である鹿児島読売テレビの大竹山章氏からこんな話を聞いた。

鹿児島県にあった特攻基地から出撃した隊員の一人に婚約者がいた。結婚式の日どりまで決まっていたのに、そのわずか十日前に出撃命令が下る。婚約者の女性は彼に会うために東京から九州へ向かうが、ついに出撃には間に合わなかった。

その後、彼女のもとへ彼から〝最後の手紙〟が届いたという――。

東京で暮らしているその女性と会うことができた。

西新宿のホテルの喫茶室。

伊達智恵子さんは、綺麗なシルバーグレーの髪におしゃれなメタルフレームのメガネが似合う、上品な女性だった。この時八十一歳。

「あらまあ、取材なんてとんでもないです。テレビなんて……」と小さく手を振り、口に手を当てて俯く仕草は、まるで少女のようだった。

太平洋戦争末期、彼女に一体何があったのか。

私は智恵子さんと少しずつ意思の疎通を始めた。取材カメラを回さずに、最初はただ話だけを伺っていった。

京成電鉄青砥《あおと》駅から下町風情の商店街を抜けると、集合住宅が建ち並んでいる。その一室で智恵子さんは一人暮らしをしていた。綺麗に片付けられた部屋の片隅には軍服姿をした婚約者のセピア色の写真が飾られ、一輪挿しが手向けられていた。

ネジ巻き式の柱時計が、ボーンと時を告げる。

「今更、皆さんにお話しすることなんて何もないんですよ」

智恵子さんはそう言いながら、六十年前の遠い記憶を手繰るように語ってくれた。

繰り返し何度も智恵子さんとお会いし、まるで質問責めのような取材になった。時代背景や当時の文化はどうだったのかなど、基本から確認していく次第となり、手元には膨大なメモが蓄積していった。

二人の出会いは、昭和十六年七月のことだった。

女学校を卒業した十七歳の智恵子さんは、本好きが高じて図書館の司書を目指していた。その夏は、御茶ノ水の学校の図書室で実習をした。そこにいた先輩が、穴澤利夫さんだった。穴澤さんは、会津生まれの中央大学の学生で、智恵子さんの二つ歳上だ。

この年の十二月、真珠湾攻撃によって太平洋戦争が開戦。

〈臨時ニュースを申し上げます。大本営陸海軍部、十二月八日午前六時発表。帝国陸海軍は今八日未明、西太平洋においてアメリカ、イギリス軍と戦闘状態に入れり……〉

日本放送協会（現NHK）のラジオはそんな「大本営発表」を伝えた。以後、報道は戦意高揚の手段として利用されていく。

知り合って半年後の昭和十七年一月、穴澤さんから突然に電話で連絡があった。

「上野の博物館の前で会いましょう」

呼び出される心当たりは無かった智恵子さんは、不思議に思いながら出向いたという。

「博物館の前には、おしゃれなガス灯が並んでいました。『歩きましょう』と言われ、私は少し遅れて付いて行きました」

突然振り返った穴澤さんが言った。

「僕とつきあってもらえませんか」

「最初は、意味がわからなかったんです。で、はっと気がついて、私は逃げるように家に帰りました。学生同士がつきあうなど、はしたないと言われる時代だったんです」

その後、手紙が届く。

二十四枚にも及ぶ便箋、そこには智恵子さんへの真剣な気持ちが込められていた。それをきっかけに何十通にもわたる文通を経て、次第に智恵子さんも穴澤さんに親しみを感じるようになった。

ある日の夕方だった。

智恵子さんは、御茶ノ水駅のホームで電車を待つ穴澤さんを見かけた。気がつかれないように彼の背後に回って、背中を指でそっと突いた。

「利夫さんの振り返った驚きの顔が、私と目を合わせたとたんに崩れて、うれしそうな笑顔に変わっていきました。隣の秋葉原までの一駅だけでしたが、一緒に電車に乗れることが、小さな幸せでした……」

そんな他愛のない付き合いが続き、二人は次第に結婚を意識するようになった。

しかし、時代の大きなうねりに二人は巻き込まれていく。

六月のミッドウェー海戦で、海軍は航空母艦四隻を失ってしまう。しかし大本営は「我が方損害　航空母艦一隻喪失、同一隻大破……」とし、逆に米軍の空母・エンタープライズやホーネットなどを撃沈したと発表した。

「当時の新聞には、毎日『勝利』の文字が並んでいました。もちろん疑うことなどしません。国を信じていましたから」

この頃、日本はすでに太平洋の制圧権を失っていたのだが、報道で「勝ち戦」と信じる人々に対して、国は「召集令状」を送りつけていたのである。明治末期に定められていた「新聞紙法」は、新聞や雑誌から自由編集権を奪っていた。記事はその都度検閲を求められ、不適合となったものは掲載できない。反戦思想や軍の不利となるものはことごとく排除されていった。

昭和十八年十月。

穴澤さんは、大学を繰り上げ卒業して陸軍へ入隊することになった。

「反対することなど到底できる時代ではありませんでした。何かを望んだところで、どうにもならない。それが戦争です。今思えば私も軍国少女になっていたんですよ」

初めて出会った図書室で、二人きりの送別会を行った。

すでに物資は乏しい時代だった。智恵子さんは、乾パンと紅茶をなんとか用意して、ささやかなお茶会で彼を送ったという。

穴澤さんは「特別操縦見習士官」として飛行学校に入校、戦闘機の操縦訓練を始める。

二人を結ぶものは手紙のやりとりだけになった。

穴澤さんが封書に入れて来た一枚の写真。

耳当てのついた帽子に、ゴーグルを載せた穴澤さんの飛行服姿。鼻筋がすっと通り、きりっとした目元は、意志の強さを思わせる。襟元からは白いマフラーがのぞいていた。智恵子さんはその写真を見て、思いきった返事を書いたという。

〈剣や帽子にはなりたくないけど、あなたのマフラーにならなりたいと思います。代われるものなら白いマフラーになりたい。いつもあなたと離れないそんな存在に〉

「あれは勇気を振り絞った、私なりのプロポーズの言葉だったのね」

照れくさそうに智恵子さんは笑った。

一夜

昭和十九年十二月。

穴澤さんに会いたくて、智恵子さんは一人で訓練地の大阪に行った。夜まで長く待たされたが、少しの時間だけ面会が叶った。飛行学校出の穴澤さんは、この時すでに少尉。訓練で顔は小麦色に焼けていた。智恵子さんが勇気を出して書いたプロポーズの手紙には特に反応がなく、他愛のない話に終始する。

ところが、別れ際に穴澤さんは智恵子さんを見つめてこう言った。

「そのマフラーを貸してくれないか」

士官室とは名ばかりの殺風景で冷え込む部屋だった。智恵子さんは父親に買ってもらったジャージ生地のマフラーをしていた。グレーと赤が混じった女物。彼はそのマフラーを受け取ると、飛行服の白い絹のマフラーを外して、彼女のマフラーをさっと巻いた。

「利夫さんは、私のマフラーが見えないよう、その上から再び白いマフラーで覆い隠したのね。私は、はっとしました。それが私の『マフラーになりたい』という手紙に対する穴澤さんの返事だと思ったからです」

その後に彼から届いた手紙。

〈襟巻きは、持っているもので唯一あなたが身につけたもの。感一入《ひとしお》で、四六時中愛用せり――〉

結婚というささやかな夢を打ち消すかのように、戦争は激化の一途を辿っていく。

報道において退却は〝転戦〟、全滅は〝玉砕〟という言葉に置き換えられた。

「特攻」についても報じられるが、それは〝必死〟の攻撃を美化したものであった。

「特攻隊という文字が頻繁に新聞に並ぶようになっていました。記事には必ずと言っていい程『勇ましい』『神風』という文字が並んでいました。そんな記事を見て利夫さんのことを思うと、私までが偉くなったような気すらしたのです」

しかし、届いた手紙に、智恵子さんは打ちのめされた。

〈恐らく近いうちに、帰らざる任務につく、会いに来てほしい〉

それは特攻隊に選抜されたことを、遠回しに知らせるものだった。

昭和二十年二月、智恵子さんは夜汽車に揺られ、穴澤さんが訓練を続ける三重県の亀山へ向かう。薄暗い車内の冷え込む木製椅子でただ穴澤さんを想った。

亀山の基地では厳しい訓練が行われていた。智恵子さんはそこで初めて戦闘機を目にしたという。

二人の気持ちは離れがたいものになっていたが、結婚に踏み切れない事情があった。穴澤さんが実家から結婚に反対されていたという。

「戦争の真っ最中で先が見えない中、結婚などしてどうするのか……。そんな心配からだったのでしょう。私は利夫さんのお墓を守る覚悟までできていたんですけどね」

少尉が結婚するには軍の許可が必須で、その申請のためには親の承諾が必要、という時代だった。せっかく会えた二人だが、結婚に向けての具体的な話は進まなかった。

亀山に来て一週間が過ぎた。

穴澤さんが属する隊の隊長が二人に気遣って、旅館に部屋を取ってくれた。呼ばれた智恵子さんは、襖を開けて驚いた。その部屋が大広間だったからだ。しかもそこに布団が一組だけ敷かれていた。なかなか結婚できない二人の背中を隊長が押したのだ。

遅れて部屋に入ってきた穴澤さんは、寝具を見つめてぽつりと言った。

「いいのか?」

婚約ができない中、智恵子さんは、穴澤さんの想いをまだ受け入れることはできず、小さく首を振ったという。

「そうか」と一言だけ言うと、彼は布団に入ってあっけらかんと熟睡した。

「訓練で疲れて、ぐっすり眠る利夫さんの寝顔を、私はただ見つめていました。利夫さんは私の気持ちを大切にしてくれたんです。その綺麗な寝顔を忘れることができません。まるで仏様のようでした」

智恵子さんは、いつの間にかシューベルトの子守唄を唄っていた。

布団の脇には、たたまれた軍服。

手を握ることもできない中、せめて彼の服だけでも触れたい……ふと、そう思った。

だが身を挺して戦う特攻隊は、神様と教えられ「神鷲」と呼ばれていた時代だ。カーキー色のそれは神の服。そう思うとついに触れることはできなかった。

明け方、穴澤さんは一人基地に戻って行った。

すれ違い

東京に戻ったある晩のことだった。

三田にあった智恵子さんの家を、突然穴澤さんが訪れる。それは正式な結婚の申し込みだった。やっと両親から許しが出たという。智恵子さんも家族と話し合い、二週間後に亀山で結婚式を行うことに決まった。突然で何の用意もできなかったけれど、その日そのまま結納を取り交わした。

彼女は幸せをかみしめていた。こんどこそ、一緒になれる……。

ところがその夜、東京は地獄と化す。三月十日、東京大空襲。

「庭の防空壕に飛び込みました。空を見ると真っ黒で大きな爆撃機が上を通って行って、やがて遠くの空が真っ赤になった。どこが空襲を受けているのかラジオも伝えないから何もわからなかったです」

大きな被害は隠される中、国民の多くは知る由もなかったが、この日、B29の大編隊が東京中に焼夷弾を撒き、十万人もの命を奪っていったのである。

なんとか空襲を免れた智恵子さんは、穴澤さんの身を案じた。

夜明けとともに彼が宿泊していた目黒方面へと走った。すると偶然にも、大鳥神社の近くでばったりと会うことが出来た。穴澤さんは智恵子さんを見つけると、「よう」と手を上げたという。彼は、大宮にあった飛行場に戻るところだったのである。

智恵子さんは、穴澤さんを見送るため一緒に山手線に乗った。空襲の影響で、ようやく来た電車は超満員。車内で次第に離れ離れとなり、途中まで行くのがやっと、という状態だった。

激しく混雑する池袋のホームでの別れとなった。

「東京はもう危ない、荷物なんかいいから、早く三重に来なさい」

しばしの別れ。智恵子さんはそう信じていた。

ところが、結婚式の十日前に、すべての状況は一変する。

穴澤さんの部隊に移動命令が下ったのだ。智恵子さんはモンペ姿で三重に向かう汽車に飛び乗った。しかしすでに穴澤さんは九州の基地へ移動していた。

「私は必死でした。どうしても利夫さんに会いたくて。やっと結婚できることになったんですから、せめて一夜でも妻として見送りたい。今なら、ためらうことなくあの人の胸に飛び込めると思ったのです」

智恵子さんは列車を乗り継ぎ九州へ向かう。すでに沖縄では激しい戦闘が始まっていた。穴澤さんがいつ特攻出撃するか全くわからない。

部隊の移動先は宮崎県の都城《みやこのじょう》らしいと聞いたものの、特攻隊の作戦は極秘だった。そもそも基地の場所すらはっきりしない。智恵子さんは陸軍の飛行場を尋ね尋ねて、都城の空の下をただ歩き続けた。

「紺碧のような空に、まるで夏のような入道雲が広がってました。東京に比べて宮崎は暖かく、花が咲き乱れ、ひばりがさえずっていた。こんなに平和なのに、なぜ人は戦争などするのだろうか、そんなことを考えてただ歩きました」

辿り着いた場所は草が茂る滑走路だった。都城東飛行場。

やっと会える。

ところが、穴澤さんはすでに二日前に出撃していたのだ――。

「もう二度と会えない。そう思ったら力が出なくて、その場に座り込んでしまいました」

当時の様子を思い出した智恵子さんは言葉に詰まった。

智恵子さんは知る由もないのだが、実はその頃穴澤さんはまだ九州にいたのだ。都城から鹿児島湾を隔てた七十キロ先の知覧基地で、天候待ちのために待機していたのである。この基地も特攻のために密かに作られ、戦後まで極秘とされていた場所だった。

悲しすぎるすれ違い。

そして四月十二日、穴澤さんはついに出撃の日を迎える。

真実を知って

「コチコチ」と柱時計の音が響く、智恵子さんの部屋。

「どうぞご覧ください」

彼女は、私の前に一冊のノートを置いた。

古びた表紙をめくれば、そこには黄ばんだ便箋がテープで留められていた。余白には、智恵子さんの字で、〈最後に頂いた御手紙〉とある。それは東京に戻った智恵子さんを追いかけるように、四月十六日に届いた穴澤さんからの手紙だった。知覧出撃の数時間前に書かれたもの。青いインクで一文字、一文字丁重に記されている。


二人で力を合わせて来たが、終《つい》に実を結ばず終わった。

希望を持ちながらも、心の一隅であんなにも恐れていた、時期を失すると言うことが実現してしまったのである。

去月十日、楽しみの日を胸に描きながら、池袋の駅で別れたが、直後に状況は急転した。発信は当分禁止された。転々と処をかえつつ、多忙の毎日を送った。

そして今、晴れの出撃の日を迎えたのである。

便りを書きたい。

書くことはうんとある。

しかし、そのどれもが今までのあなたの厚情にお礼を言う言葉以外の何物でもないことを知る。月並みのお礼の言葉では済み切れぬけれど、「ありがとうございました」

あなたは過去に生きるのではない。勇気を持って過去を忘れ将来を見いだすこと。

穴澤は現実の世界にはもう存在しない。

今更何を言うかと自分でも考えるが、ちょっぴり欲を言ってみたい。

智恵子　会いたい　話したい　無性に。
今後は明るく朗らかに。
自分も負けずに、朗らかに笑って征く。

それは、婚約者からの遺書だった。

穴澤さんを失った智恵子さんは、その後意外な場所で彼の面影を目にすることになる。空襲が激しい東京から疎開することにして、彼女は両親がいる福岡県へと向かう。山陽線からの乗り換えのため小倉駅で途中下車した。

改札口の近くでふと何かを感じ、足が釘付けとなる。

それは壁にあった。

「額に入ったカラーポスターが飾ってあったんです。挙手をして空を見上げる利夫さんの姿でした。〈神鷲に続け〉という文字が印刷されたそれはいったい、どこで撮られた写真だったのでしょうか？　利夫さんは亡くなった後も特攻隊員を集めるために利用されていたのです」

そして、八月十五日、智恵子さんは疎開先で玉音放送を聞く。やがてミッドウェー海戦で、実は日本が負けていたことも知ったのである。沈没したはずの米空母・エンタープライズやホーネットは健在だった。

「利夫さんが出撃してからわずか四ヶ月後の敗戦でした。いったい何のために利夫さんは亡くなったのか。四月には、すでに軍の幹部は敗戦がわかっていたのではないでしょうか……」

別れのキー

私は可能な限り関係する現場も取材に巡った。

かつて知覧基地があった鹿児島県のその場所は、今は畑となっていた。桜咲く頃、智恵子さんに同行してもらってロケを行ったりしたが、テレビメディアならではの悩みもあった。それは当時の映像がほとんど存在しないことだ。生中継を得意とするテレビだが、終わってしまった出来事を伝えることはなかなか厳しい。私としては珍しく、再現ドラマを撮ることにした。戦時中の代替シーンが撮れる場所をロケハンし、若き智恵子さん役も決めた。取材メモを基に台本を書き、メガホンを手にして監督を兼務する。カメラマンは事件取材で長くコンビを組んできた手塚昌人。映画が好きでこの手の撮影は慣れている。クレーンやレールを敷いたカメラを駆使しての撮影が始まった。

穴澤さんの当時の白黒写真が数点見つかった。

一枚は有名な写真だった（次頁）。毎日新聞のカメラマンが知覧基地で撮影したもので、特攻機「隼《はやぶさ》」が離陸する瞬間を捉えていた。左から右へと画面を横切る機体の前に、セーラー服とモンペ姿でお下げ髪の女学生が並んでいる。彼女たちは懸命に伸ばした手に桜の小枝を握って、操縦席の特攻隊員に向かって振っていた。

隼の風防を開けて、右手で少女たちに敬礼するその人が穴澤さんだった。

距離が遠く表情まではっきりしない。いったいどんな想いで死地に向かったのだろうか。彼を見送った女学生たちから話が聞きたかった。

女学生の一人が、埼玉県で暮らしていることがわかった。

永崎笙子さんだった。知覧基地では当時、近隣の女学生が特攻隊のお世話係をしていた。彼女は穴澤さんの担当で、洗濯や靴下の繕い物をしたという。

「出撃の前夜、兵舎でささやかなお別れ会があったんです。その席で穴澤さんたちは歌をうたってました。私たちも一緒に泣きながら歌ったんです」

出撃する穴澤機（写真提供：毎日新聞社）

裸電球がぶら下がる木造の三角屋根の兵舎、明日の出撃を祈るかのように流れた歌。彼女は、歌詞が書き込まれた古く小さなノートを見せてくれた。

鉛筆で書かれた文字は、薄れかけている。

見えた見えたよ椰子の葉陰に
機動部隊のメリケンが
ソーラ突撃別れのキーを
押してにつこり若櫻
轟沈轟沈空から轟沈

櫻散るやうな　あの体当たり
邪魔だそこのけグラマン機
目指す空母をどかんとやらにや

大和男子の名がすたる
轟沈轟沈空から轟沈……

「空から轟沈」というこの歌を、永崎さんに歌ってもらった。女性の声だからか、歌詞の勇ましさとは相反してうら寂しい旋律に聞こえた。

それにしても、歌詞にある「別れのキー」とは何か。

気になって調べてみると、意外なことに行き当たった。

帰ることは許されない特攻機だが、その戦果は知りたかった作戦本部。「直掩機《ちょくえんき》」という飛行機を飛ばし、特攻機を護衛すると共に、突入を見届けたという。さらに特攻隊員本人も、突入時にはモールス信号を押すというのだ。操縦桿を握る一方、膝にベルトで付けた電鍵を押す。「我敵艦に体当たりする」という暗号の後、「ツーーー」とキーを押しっぱなしにする。その発信が途切れた瞬間が最期ということになる。

「別れのキー」とは死と戦果の報告であった。

永崎さんの回想。

「穴澤少尉さんの飛行機が目の前にいらっしゃった時には、私は足が震えて、ただ一生懸命、桜の花を振るのがせいいっぱいでした。穴澤さんは私どもの方を向かれ、三回くらいですね、敬礼されました。そして最後はにっこり、微笑《ほほえ》んでいらっしゃいました」

出撃直前に書かれた遺書の文字が脳裏に浮かんだ。

〈自分も負けずに、朗らかに笑って征く〉

インタビューする私は、六十年目に知る事実の重さに言葉も出ず、天を仰いだ。

再会

穴澤さんの隼は、上空で大きく旋回したあと、左右に三度羽を振って見送る人たちに挨拶をした。その後三機で編隊を組んで、開聞岳に向かって小さくなっていったという。

穴澤機がその後どうなったのか、それは何もわからない。

智恵子さんがふっと漏らした言葉が脳裏を過《よぎ》る。

「海に出てからは、二時間ぐらいらしいですね。ひたすら沖縄に向かったんでしょうけど。その間、どんな想いだったのでしょうか。何を考えていたのでしょうか」

特攻機は、途半ばでグラマンなどに遭遇し撃墜されることもあった。また整備不良や天候悪化などで沖縄まで到達できない場合も多い。

はっきりしていることはただ一つ。

穴澤さんは、戻ってこなかった、ということだけだ。


主を亡くした穴澤さんの軍服が、靖国神社に保管されていることがわかった。飛行服で出撃した穴澤さんは、出発直前に軍服などを会津の実家に送り返していたのだ。智恵子さんが子守唄を唄った三重の旅館、そこにたたまれていた軍服である。

智恵子さんと一緒に、その展示場所を訪れた。

形見は、ショーケースの中にあった。

彼女はケースの上にそっと手を置くと、そのまま動けない。二人きりで過ごしたあの夜、触れることすら叶わなかった彼の服は、六十年の時を超えて、今は無機質な硝子板の向こうに。それはあまりにも切ない後ろ姿だった。私は、これまでの経緯を説明し、軍服をケースから出してもらうこととした。

襟元に少尉の階級章が付くカーキー色の軍服が、智恵子さんの前にそっと運ばれる。

智恵子さんは、子供のように目を丸くしてから、少し慌てて両手を合わせた。

おずおずと伸ばした指先が、遠慮するかのように、けれど、少しずつその距離を縮めていく。そして、袖に触れる——。

瞬間、まるで雷に打たれたかのように、急いで置かれた服の背に両手を差し入れると、引き寄せて胸に押し抱く。

強く。

そして、彼の匂いを嗅ぐように、彼女は彼の服に顔を埋める。

やがて堰が切れたかのように嗚咽して、シルバーグレーの髪を震わせた。

婚約者に導かれ

昭和六十三年四月、智恵子さんは穴澤さんの慰霊の旅に出たという。

智恵子さんが選んだ先は、知覧でも沖縄でもなかった。沖縄の手前、鹿児島県の沖永《おきのえ》良部島《らぶじま》。那覇までは百五十キロ以上ある場所だ。なぜその地で慰霊すると決めたのか。

「観光客が少なくて、静かで慰霊にふさわしいところはどこかって思った時に、沖永良部っていうのがふっと浮かんだんです。東シナ海の見える場所で、利夫さんの命日に静かにご供養できるかなって、何か惹かれるものがあったんですね」

命日、島の西岸に広がる東シナ海に向かって手を合わせたという。

沖縄方面に向かって、戻らぬ旅に出た穴澤機。

その後のことは永久に不明のままなのだろうか。

都合よく「連戦連勝」という嘘を発表し続けた国家。しかし敗戦となると今度は進駐してくる米軍の目を恐れ、特攻関係の資料をほとんど処分してしまったという。

国家は二度にもわたって真実を奪ったのである。

それでも、どこかに記録は残されていないのか。諦めの悪い私は昭和二十年四月十二日の特攻攻撃を可能な限り調べてみることにした。

見送った永崎さんの証言で、穴澤機の離陸時間は午後四時頃だったことがわかった。

取材過程で、当時の特攻攻撃用の飛行地図を見つけた。知覧基地から奄美群島を経て沖縄・名護までの航路が記されている。開聞岳の側を通過した後、草垣島（草垣群島）を経由するものと、黒島を経由する二種類のルートが線引されていた。天候や雲などの状況でコースを変えたのだろう。二つの航路は奄美大島、徳之島の西方を通過した後で合流して沖縄へ至る。距離はどちらを選んでも約六百キロ。欄外に「隼」は時速二百八十キロ、所要時間は二時間四分と記されていた。

穴澤さんが沖縄まで到達していれば、到着時間は午後六時頃ということになる。人生最後の二時間。それは自らを死地へと導く時間でもある。

その間、彼は何を想って操縦桿を握っていたのだろうか。

取材を進めると、防衛庁（当時）に保存されていた第六航空軍司令部の古い記録が見つかった。第六航空軍は、昭和二十年三月十九日付けの発令で、本土決戦のために設置されている。つまりは特攻のために作られたのであろう。〈感状ニ関スル綴〉と墨字で題された表紙をめくると、中に「穴澤利夫」という名前が記されていたのである。

四月十二日の攻撃では、アメリカの軍艦から「火柱」と記録されていた。これが「直掩機」からの報告だろうか。更に別の記録に当たると、沖縄方面で夕方攻撃を受けた軍艦は、大型の駆逐艦だったことが判明。しかし詳細な場所までは不明だ。これもまた大本営からの情報かもしれないから、そのまま鵜呑みにもできまい。

ここで調査は一旦頓挫する。

しばらく後に、今度は米軍側の記録を見つけることができた。日本と違ってアメリカには、戦時中の記録がかなり残されていたのである。しかも攻撃を「受けた側」のデータは、「戦果報告」と違って信頼してもよさそうだ。あの日、特攻機のルートで攻撃を受けたアメリカの駆逐艦は二隻あった。「パーディー」と「カッシンヤング」という軍艦が、互いに近くで攻撃を受けている。その位置が正確に記録されていた。

北緯二七度一六分から一七分、東経一二七度五〇分。

北緯が動いているのは、駆逐艦が進んでいたからだろう。私は海図を開いて緯度、経度のポイントを辿った。沖縄本島からやや北上していくその指先。

地図上に数値を置き換えた私は戦慄した。

なんということだ。

その場所とは、智恵子さんが何かに導かれるように訪れた沖永良部島の目前だったのだ。慰霊で手を合わせた西岸の東シナ海、まさにその地だったのである。

出撃直前に撮られた穴澤さんの写真をもう一枚見つけた。

セピア色の印画紙に浮かび上がっていたのは、滑走路脇に集まった九名の飛行服の男たちだ。鉢巻をする後ろ姿。ゴーグルを頭に載せ、日本刀を左手に下げている者もいる。死地へ向かう男たちの背中からは、殺気のようなものが立ち昇るかのように見える。

皆、襟元の後ろに白いマフラーを少し覗かせている。

ところが、左から二番目の人物は、マフラーの後ろが大きく膨らんでいる。

それが穴澤さんだった。

〈襟巻きは、持っているもので唯一あなたが身につけたもの。感一入で、四六時中愛用せり〉

女物のマフラーを巻いて敵艦に突入していった少尉がいた——。

最期の時間。彼は、智恵子さんと過ごすことを選んだということだ。

＊

二〇一三年五月、伊達智恵子さんは永遠の眠りにつかれました。

享年八十九。

今、どこかで穴澤さんと一緒にいるのだと思います。

そして、私を智恵子さんに巡りあわせてくれた、鹿児島読売テレビの大竹山章氏も、翌年二月、彼女を追うかのように逝ってしまいました。優秀なテレビマンであり、尊敬できる「熱い男」でした。

ご冥福を、ここにお祈りしたいと思います。

（この物語は、二〇〇五年十二月にＮＮＮドキュメント「婚約者からの遺書——60年・時を超えた恋」と題されて放送された。後に「24時間テレビ」内でも再びドラマ化され、その後、漫画「ラブレター」〔瀬尾公治、講談社〕の原作になった）

おわりに

振り返れば、ずいぶんと長い間「報道」という仕事に関わってきた。携わるメディアは変遷したが、現場にこだわり〝事実〟に少しでも近づきたいという気持ちは、この世界を目指した時から全く変わっていない。正確な情報を伝えることこそが報道の生命線と信じている。

雑誌記者時代に、先輩からこんな言葉を伝授されたことがある。

「100取材して10を書け。10しかわからなければ1しか書くな」

要は、背景なども含め十分に調べて自信を持って記事にせよ、ということだろう。「10取材して1を書け」という新聞記者の心得を拡大したバージョンだが、幸か不幸か私は「100取材する」ことしか知らなかったから、ずっとこの基準で本気でやってきた。するといつの間にか、それが「調査報道」と呼ばれていたのである。

だから、私自身は「調査報道」という分類には特段こだわってはいない。慎重に淡々と取材をし、報じようとする事柄について誰よりも詳しくなりたいだけだ。もちろん細部においては、専門家などには到底敵わないであろう。けれど事柄の全体把握は十二分にやっておきたいのだ。可能な限りの取材を尽くしてセーフティー・マージンを確保しておかなければ、恐しくて「おかしい」などと声を上げることなどできない。もし取材が中途半端ならば、何が「大きな声」かもわからず、どこかで「小さな声」が上がっていることにも気づかずに終わってしまう。実は「調査報道」こそ、「危機管理」が厳しく求められるのである。

＊

第十二章では戦時中の報道について触れた。権力というものが暴走し始めた時にこそ、メディアはそれを抑止しなければならない。先の大戦によって我々はそれを学んだはずだ。戦後、憲法を新たに制定し、自由な報道も目指してきた。しかし、それが現在なんとも危うい状況になっているではないか。

こんな時だからこそ、報道の使命があらためて問われている。この国の水面下で起きていることを正確に伝えなければならないのだ。

人が正確な判断を行うには、まず精度の高い情報を持つことが必須だ。そしてそれを分析し、最後に「正しい」とか、「おかしい」とか判断することになる。

私は現場で、絶えず意識して「取材・分析・決断」の三つの行動を繰り返している。私にとってこの三つのキーワードは極めて大事な確認項目で、時に現場でぶつぶつとつぶやいていたりするのである。

＊

私がこれまで執筆した本や記事では、いずれも取材の裏側や経緯を可能な限り示してきたつもりだ。どういう手段で取材対象者を探し、どんな取材をしたかを、取材源秘匿や匿名報道の基準に触れない限り、明らかにすることを基本にしている。

その理由は、情報の信憑性を担保するためだ。だが、別の理由もある。そのプロセスが若いジャーナリストたちの参考になればと思っているからだ。小さな事件から、企画物までを扱った本書では、ジャーナリストを志望する人のみならず、多くの人に読んでいただき、何かの参考にしてもらえれば本望だ。

私にとって、初めての新書をまとめるにあたり、新潮社の金寿煥氏にはお世話になった。この場を借りて御礼を申し上げたい。

最後になりますが、本書で触れたいくつかの事件の関係者のみなさま、また取材に協力して頂いた人たちに深く謝辞をお伝えします。そして、残念にもその生を終えられてしまわれた故人の方々のご冥福を深くお祈りしたいと思います。

二〇一五年六月

清水　潔

清水　潔　1958(昭和33)年生まれ。「FOCUS」編集部を経て、現在は日本テレビ報道局記者・解説委員。2014年、『殺人犯はそこにいる』で新潮ドキュメント賞などを受賞。著書に『桶川ストーカー殺人事件 遺言』。

Ⓢ新潮新書

625

騙《だま》されてたまるか

調査報道《ちょうさほうどう》の裏側《うらがわ》

著　者　清水潔《しみずきよし》

2015年7月20日　発行

発行者　佐藤隆信

発行所　株式会社新潮社

〒162-8711　東京都新宿区矢来町71番地

編集部(03)3266-5430　読者係(03)3266-5111

http://www.shinchosha.co.jp

地図製作　アトリエ・プラン

印刷所　株式会社光邦

製本所　憲専堂製本株式会社

ISBN978-4-10-610625-5 C0236

価格はカバーに表示してあります。